西洋中世の愛と人格

「世間」論序説

阿部謹也

講談社学術文庫

目次

トゥルバドゥールの歌の主人公であり、宮廷風恋愛の当事者である騎士たち。彼らの多くは遍歴する若い騎士であった。早ければ14、15歳で故郷の城を離れ、修業の旅に出た彼ら騎士たちは、騎馬試合に出場して賞金を稼いだり、戦争に参加して褒賞を得ては、旅をつづけてゆくのだった。彼らの旅の目的は自分の財産を手に入れ、妻をめとることであった。若い騎士の卵は、彼らを迎える領主にとっても重要な戦力であり、領主たちは競って騎馬試合を挙行し、自分の妻や娘を着飾らせて出席させた。図中の騎士ヴァルター・フォン・クリンゲンは、トゥールガウの古い家柄の騎士で、歌よみでもあった。13世紀。

騎士ルードルフ・フォン・ローテンブルクが高い席の貴婦人から花環《はなわ》を受けとっている。受けるときの身振りと視線を合わせるポーズには一定のきまりがあった。13世紀。

吟遊詩人でもあったキルヒベルク伯が貴婦人に歌を捧げている図。13～14世紀。

鏡に映して自画像を描く女性画家。ボッカチオ『著名婦人列伝』より。1362年頃。

西洋中世の愛と人格

「世間」論序説

I　世間と社会

日本の学問には明治以降、奇妙な特徴があり、百年以上経た今日でもほとんど変わっていない。それは日常用語の世界における人間関係やその表現の仕方が、学問や論壇における人間関係やその表現の仕方と根本的に異なっており、しかもそのことに多くの知識人が目をおおっているという事実なのである。

たとえば「社会」という言葉を例にとってみると、大学をでていない人でも「社会」という言葉を知らない人はいないだろう。しかしこの言葉は、専門家や学者、ジャーナリスト、知識人などをのぞけば、一般の人々の間では日常用語になっていないのである。それに代わるものとして、『万葉集』や『源氏物語』以来使われている「世間《せけん》」、「世の中」という言葉が今でも生きており、世間とは何かを知らない大人は一人もいないのである。

「世間」とは本来サンスクリットのloka（場所）の漢語訳であり、世の中、世界を表わす言葉であった。現在の日常用語としての「世間」は、「自分たちの活動、交際する場としての社会とそこに住んでいて自分と直接、間接のかかわりを持つ人たちのこと」と時に記されている。しかし世間には、移り変わり、変化を免《まぬが》れない、迷いの世界としての衆生《しゅじょう》をさす「有情《うじょう》世間」と、山や川、大地などの「器《き》世間」の区別があり、人間関係だけではない。そのような意味で、世間は今日でも日本人の行動を深いところで規定しており、意識された世間との関係を無視しては、個々人の行動を理解することはできないのである。

しかし明治以降、日本人は西欧の文化を取り入れ、学問を輸入し、「社会」という訳語を使うようになった。学問の世界では個人を単位として構成されている社会という言葉がひんぱんに用いられるようになり、日本人には西欧人とはちがった自我の意識があり、西欧人とはちがった個人の責任のとり方があることが覆《おお》い隠されてきたのである。それは日本の知識人が西欧人になりたいと願っていた夢の現われでもあり、現実には日本では通用しえない西欧的個我《こが》を各人がもっているという幻想が、この百年の間に広がったのである。しかし言うまでもなく、日本においては西欧的個我を確立することはできないし、その必要もない。条件が全く異なるからである。では日本的個我をどこに見定めるべきかという問題が生じてくる。それは少なくとも過去から現在までの私たちの生活を規定してきた「世間」という概念を、自分との関係において、きちんと個々人が整理することから始められねばならないだろう。ではそのためにはどうしたらよいのだろうか。

一　世間の中の一人として

社会は個人から成り立つものとされている。したがって実状はどうあれ、それぞれの個人は、社会の構造、運営、将来について責任をもつものとして意識し、行動していることになっている。しかしながら、このような意識は明治以降に輸入されたものであり、現実の日本人の多くは、社会を構成する個人としてよりも、世間の中にいる一人の人間として行動している部分の方が多いのである。

世間と個人の関係について注目すべきことは、個人は自分が世間をつくるのだという意識を全くもっていない点にある。自己は世間に対して、たいていのばあい、受け身の立場にたっているのである。個人の行動を最終的に判定し、裁くのは世間だとみなされているからである。「世間」という言葉が定義しにくいのは、世間は常に個人との関係において、その個人の顔見知りの人間関係の中で生まれているものだからであり、人によって世間が広い人も狭い人もいるからである。したがって個人ごとにさまざまな世間があり、日本には数えきれないほどの世間があることになる。ときには身内以外にさしたる世間とのつきあいもなく暮らしている人もいるのであるが、それでも世間の評判は気にかかるのである。

欧米人は日本人を権威主義的だとみることが多いが、それは日本人が常に世間の目を気にしながら生きており、彼らからみると個性的ではないようにみえるためである。日本人はできるだけ目立たないように生きることが大切であると考え、自分の能力も必要以上に示さないようにする。日本人が何よりも怖いと思っているのは「世間」から爪弾《つまはじ》きされることだからである。その怖いと思っている態度が欧米人には理解しかねるのであって、それは彼らには「世間」が理解しかねることと同じ根をもっている。

個人の性格にもよるが、世間の中で暮らす方が社会の中で暮らすよりも暮らしやすく、楽なのだ。そこでは長幼の序、先輩・後輩などの礼儀さえ心得ていればすべては慣習どおりに進み、得体《えたい》のしれない相手とともに行動するときの不安などはないからである。さらに世間の中での個人の位置は、長幼の序や先輩・後輩などの序列で一応決まっており、能力によってその位置が大きく変わることはあまりない。個人が世間に対して批判をしたり、不満を述べることがあっても、世間のルールは慣習そのものであり、なんら成文化《せいぶんか》されていないから、不満も批判も聞き流されてしまうのである。

日本人の多くは世間の中で暮らしている。しかし日本の学者や知識人は「世間」という言葉から市民権を奪い、「世間」という言葉は公的な論文や書物には文章語としてほとんど登場することがない。「世間」という概念を学問的に扱わなければならないはずの日本史学においても、まともに世間を論じた人を私は知らない。吉川弘文館の『国史大辞典』には「世間」という項目すらないのである。現実の日常生活では世間の中で暮らしているにもかかわらず、日本のインテリは少なくとも言葉のうえでは社会が存在するかのごとくに語り、評論家や学者は、現実には世間によって機能している日本の世界を、社会としてとらえようとするために、滑稽《こっけい》な行き違いがしばしば起こっているのである。このことは政党や大学の学部、企業やそのほかの団体などの人間関係のすべてについていえることであり、それらの人間関係は皆そこに属する個人にとっては、世間として機能している部分が大きいのである。個々人はそれら世間と自分との関係を深く考えず、自覚しないようにして暮らしているのである。

日本人の一人一人にそれぞれ広い狭いの差はあれ、世間がある。世間は日常生活の次元においては快適な暮らしをするうえで必須《ひっす》なものに見えるが、その世間がもつ排他性《はいたせい》や差別的閉鎖性は公共の場に出たときにはっきり現われる。たとえば何人かで旅に出るために列車を待っているとしよう。列をつくっているばあいも、何人かのうちの一人が先頭に並んで、あとからきた者もその先頭の一人のあとにぞろぞろと割り込んでくることが多い。このようなとき、私たちは自分たちの仲間の利益しか考えていないのである。あるとき電車の中で私は中年の女性に席をゆずった。二駅ほど過ぎてその女性のとなりの席が空いたとき、その女性は遠くの席に座っていた仲間を呼び寄せて並んで座り、「二人とも座れて良かったね」と話し合っていた。彼女たちにとってそのとき、二人だけの世間が形成されており、まわりの人間のことは全く彼女たちの考慮の中に入っていないのである。このようなことは日本では日常的にみられることであり、電車の中で宴会を始めたり、騒いだりする人たちは常にどこでも見られるのである。このような事態に対して、日本人には公徳心《こうとくしん》が足りないとかいろいろいわれるが、問題は公徳心ではなく、ここでつくられている仲間意識が、多くの人たちによって是認されているという点にある。

そのようなとき私たち日本人には、自分たちが排他的な世間をつくっているのだ、という認識がほとんどないのである。

二　どのような世間に立脚しているのか

学者であれ、ジャーナリストであれ、もの書きが日本の過去、現在、未来について語るばあい、自分がどのような世間に立脚《りっきゃく》して語っているのか、を自覚していないために前述のような行き違いが起こるのである。そこでもの書きに最小限求められることは、発言するばあいに自分がどのような世間に立脚して語っているのか、を自覚して語ることなのである。もし自分はいかなる意味でも世間に立脚していない、と思う人がいるならば、まずそのことを明らかにすべきであろう。日本の学問の宿痾《しゅくあ》ともいうべきものは、社会と世間のこの両者の関係を曖昧《あいまい》なものにしてきたことにあるからである。いいかえれば、日本の学者は西欧近代的な意味での個人になっていないのに、あたかも西欧の近代的な意味での個人であるかのごとくに語ってきたのである。学者やジャーナリストによって、新聞や総合雑誌に戦後数十年の間、どれほど多くの日本論や近代化論、資本主義論、社会主義論が発表されてきたことだろう。にもかかわらず、それらの論文によって現実の事態が決定的に変わることがなかったのは、それらの論文を書いた人が、日本の社会に牢固《ろうこ》として抜きがたく存在しているそれぞれの人の世間に立脚しながら、日本の社会に即して発言してこなかったからなのである。つまり自分の足場を自覚していない人の、ただの文字、言葉にすぎなかったからなのだ。

世間に属しながらも、個人として、社会に対して責任ある発言をすることは可能であろう。しかしそのためには、少なくとも自己がどのような世間に属しているのかを自覚していなければならない。自分が属している世間との関係によって、自分の視野や分析視角がどのように規定されているかを自覚しているばあいは、観察にある程度の客観性が生まれる可能性があるからである。

社会という言葉を用いて抽象的に語るときは、自己のよってたつ世間を忘れ、いくらでも博愛主義的ヒューマニスティックになれるが、具体的な行動を伴うときには、世間に即して考えなければならないために、ヒューマニズムの影も見られないことが多い。日本人の世間は、常に排他的で、差別的な構造をもっているからである。わが国の被差別部落に対する差別の問題も、現代に関していえば、日本人の世間がもつ差別的構造に由来するところが大きいのではないか、と私は考えている。差別をなくすことは、世間の解体あるいは拡大によることなしには困難ではないか、とさえ思っているのである。大切なのは、わが国では、「社会」と「世間」という二つの用語の世界があるということを、まず認識することである。「社会」はいわば近代的な用語の世界であり、貨幣経済を軸とする表向きの構造をもっている。他方で「世間」は主として対人関係の中にあり、そこでは貨幣経済ではなく、贈与《ぞうよ》・互《ご》酬《しゅう》の原則が主たる構造をなしている。一人一人が、なんの根もない普遍的な立場で語ることをしばしばとどめ、社会と世間との関係について考えるべき時がきているのではないだろうか。

ところで「世の中」、「世間」という言葉の古さについては述べたが、「社会」という言葉は、いつ頃からわが国に定着したのだろうか。

三　「社会」という言葉

齋藤毅氏の研究によると「社会」という言葉は明治十年（一八七七）に西周《にしあまね》が「社会謂人々相養之一体。其意与…之郷党州閭略相似。与設立会社自別。但原語則同字二義」と、『利学《りがく》』の中に注し、この注がsocietyの訳語として定着したものだという。右の漢文を書き下だしふうに改めれば次のようになるだろうか。

「社会は、人々、相養《あいやしな》うの一体《いったい》を謂《い》う。其の意は（地域の単位である）「郷党《ごうとう》・州閭《しゅうりょ》」と略《ほぼ》相似《あいに》て（重なるが）、設立された「会社」とは自ずから別である。但し、原《もと》の語は則《すなわ》ち同じ字で二つの意味（義）をもつ」。

齋藤氏の研究は緻密なものである。本来、中国の土地の神を意味する「社」を中心として民衆が集落をつくったところから、先秦《せんしん》時代（前三世紀以前）に「社」と称する行政区画が生まれ、宋代（十世紀〜十三世紀）になると、より広い意味で「社会」という言葉が用いられるようになっていった。それがより発展してゆくのは、日本が西欧の学問を輸入して、

「社会」という訳語を定めて、中国に逆輸入して以後であるという。日本での「社会」という文字の初見は、文政九年（一八二六）の青地林宗訳『輿地誌略《よちしりやく》』Johan Hübner, *Algemeene geographie of beschryving des geheelen aardryks*, Amsterdam, 1769. であるが、それは Kloofters 修道院《しゅうどういん》の訳であって、明治十年頃に「社会」という訳語が定着するまで、society にはじつにさまざまな訳語が考えられている。明治人の努力のあとを見ることができるのである。それらを見るとおよそ次のような訳語が考えられていた（『明治のことば』講談社）。

会、公会、会社、仲間会社、衆民会合、社、結社、社友、社交、社人、社中、交社、交際、世交、人間、人間道徳、人間仲間、人間世俗、人倫交際、懇、仲間、組、連衆、合同、一致、仲間会所、仲間連中、為群、成群相養、相生養（之道）、相済養、世俗、俗化、俗間、世間、世道、世態、民、人民、国民、邦国、政府。

今考えるとなぜ「世間」という訳語がすぐに決まらなかったのか、と訝《いぶか》しく思われるが、すでに司馬江漢《しばこうかん》が、「上天子《うえは》、将軍より、下士農工商《したは》、非人乞食《ひにんこつじき》に至るまで皆以《みなもつ》て人間なり」と『春波楼筆記《しゅんぱろうひつき》』（一八一一年）に述べ、西欧における個人の平等の思想を紹介しているし、岩倉使節団（明治四年～六年、一八七一～七三）に同行した久米邦武《くめくにたけ》は「社会」という語が個人の尊厳と不可分であることを認識し、そのためにソサイティーの訳語に苦労したことを語っている。「社会といふことは五十年前まで全く思想になく、『ソサイチー』の訳語に困る程であつた」。このような事情であったから、日本においてよく使われている「世間」という言葉を、訳語として当てることはできなかったのである。ここに明治人の苦労があったが、彼らの苦労のおかげで私たちは、「社会」という言葉を、伝統的な日本の人間関係から離れた新しい人間関係の場、として理解することができるようになった。新しい訳語を採用したことは、新たな課題を国民がともにになったことを意味したのである。

ところが社会という語は個人が自立し、各々の個人の尊厳《そんげん》が認められているなかでしか、完全には機能しない。齋藤氏の研究によると、日本でindividualという言葉に「個人」という訳語が定着したのは明治十七年（一八八四）頃であり、「社会」という訳語に遅れること七年であった。後に詳しく述べるように実際の遅れは七年どころではなく、一世紀以上にもわたるのであるが、現実に個人が成立していないところに「社会」という理想の言葉だけ採用され、訳語として通用しただけでなく、日本という国やそこにおける人間関係、法制度などを表現するときにも用いられるようになったのである。

いまだ西洋流の個人が成立していないのに、西洋の法制度が受け入れられ、資本主義的体制がつくられ、それらを日本の伝統的な人間関係と区別して社会と呼んだのである。ここに今日、私たちが社会という言葉に対してもつ違和感の根がある。たしかに社会という言葉は、学問や評論の言葉としては定着している。しかし冒頭で述べたように、一般の家庭や漁場、農村、工場などの現場では、日常会話にしばしば用いられる言葉にはなっていないのである。現実には、世間という伝統的な人間関係の中で生きている日本人が、社会という言葉を知ったとき、どのように使い分けてきたのだろうか。その典型を私たちは島崎藤村《しまざきとうそん》に見ることができる。

四　島崎藤村の『破戒』では

『破《は》戒《かい》』の中では、「社会」という言葉に「よのなか」とルビを振っているばあいと「世間」という言葉がそのまま使われているばあいと、「世の中」という言葉がそのまま使われているばあいがある。さらに再刊『破戒』の序においては「社会」という言葉がルビ無しで用いられており、これらの言葉がどのように使い分けられているのか、という点に私たちの興味を誘うのである。そこでまず「社会」という言葉に「世の中」とルビが振られている例を見よう。

代議士に打ってでようとしている高柳利三郎という男は、瀬川丑松《せがわうしまつ》と同じ町に住んでいるが、丑松の故郷である被差別部落からこっそりと嫁を迎えた。丑松の部落の中でも金持ちの家から嫁を迎えたのだが、そのことを高柳は隠し、丑松を訪ねて、自分も丑松の出身にふれないから、自分の嫁の出についても黙っていて欲しい、といったのである。そのときの科白《せりふ》に次のような言葉がある。「私とても、かうしていつまで政界に泳いでゐる積《つ》もりは無いのです。一日も早く足を洗ひたいといふ考へではあるのです。如何《いかん》せん、素養は無し、貴方等《あなたがた》のやうに規則的な教育を享《う》けたでは無し、それでこの生存競争の社会《よのなか》に立たうといふのですから、勢ひ常道を踏んではゐられなくなる。……」。ここで使われている「社会」は、生存競争の世の中として評価されている。いわば近代的な世界であるために、従来のような常道《じょうどう》を踏んではいられないということになる。しかし従来の世の中とつながっているので、「世の中」という意味も込められている。したがって「社会」という言葉に「世の中」というルビを振っているのである。それには読者が「社会」という言葉になれていないために、一般に知られている「よのなか」というルビを振った、という面もあるであろう。

そのほかに丑松の父がかつて言った言葉もある。「たとへいかなる目を見ようと、いかなる人に邂逅《めぐりあ》はうと、決してそれとは自白《うちあ》けるな、一旦《いつたん》の憤怒悲哀《いかりかなしみ》にこの戒《いまし》めを忘れたら、そのときこそ社会《よのなか》から捨てられたものと思へ」。ここでは丑松が、これから出て行こうとする新しい世界とともに、従来の世の中もふくむ言葉として「社会」にルビが振られている。

以上の二例にみられる「社会（よのなか）」は、現実には生存競争が激しい、新しい資本主義社会であると同時に、旧来の伝統的世界も含んでいる概念である。そのいずれをも示すために藤村は「社会」という言葉に「世の中」とルビを振っているのである。

ところが藤村は「世間」という言葉をも同時に独立して使っている。風間敬之進というおちぶれた教員が、自分の不幸を述懐する場面で、次のように語っている。「よく世間には立派な人物だといはれてゐながら、ただ女性《をんな》といふものにかけて、非常に弱い性質《たち》の男があるものだね」。このばあいは蓮華寺《れんげじ》の住職のことを指しているのだが、この「世間」には、必ずしも新しい資本主義社会という意味は込められていない。伝統的な社会を指している。

別のところで土屋銀之助という丑松の友人が、丑松が憂鬱《ゆううつ》に沈んでいるのは世間で噂するようなことと全く関係がない……と述べている。このばあいの「世間」も、丑松が被差別部落の出であるかどうかを噂しているのであるから、伝統的な社会のことである。

ところが藤村にはもう一つ「世の中」という表現がある。丑松は、尊敬する猪子《いのこ》先生について、

「世間体《せけんてい》の好《い》いやうな、自分で自分に諂諛《へつら》ふやうなことばかり並べて、それを自伝といつて他《ひと》に吹聴《ふいちやう》するといふ今の世の中に、狂人ででも無くて誰が冷汗のでるやうな懺悔《ざんげ》なぞを書かう。あの先生の手から職業《しごと》を奪取《うばひと》つたのも、ああいふ病気になるほどの苦痛《くるしみ》を嘗《な》めさせたのも……」。

以上作品『破戒』に現われた「社会」、「世の中」、「世間」について見たわけであるが、いずれも作品の中で用いられている言葉であり、藤村自身がこれらの言葉についてどのように考えていたかは、必ずしも明らかではない。しかし再刊『破戒』の序には次のような文があ

る。

「この書は長いこと読書社会から姿を消してゐたものである」。「風雨三十余年、この作の中に語つてあるやうなことも、又その背景も、現時の社会ではない」。ここでは著作者として藤村は、「社会」という言葉で、現実の世界を捉えようとしていたことがわかる。しかしこの文章が書かれたのは、『破戒』が書かれてから三十数年後の、昭和十四年のことである。その間に藤村の「社会」という言葉に対する感じかたが、変わってきた可能性もある。いずれにせよ、再刊の序には、印象的な言葉がある。

「私の『破戒』の中には二つの像がある。あるものは前途を憂ふるあまり身をもつて過去を掩《おほ》はうとし、あるものはそれを顕《あらは》すことこそまことに過去を葬る道であるとした。この二つの間を往復するものも又人の世の姿であらう」。

藤村は、知識人としては、「社会」という言葉を使おうとした。しかし彼が生きていた時代において、「社会」という言葉は当時の日本のすべての層を覆《おお》うものではないことに気づいてもいたから、当時「社会」という言葉では覆うことができなかった部分を「世間」とか「世の中」という言葉を使って表現しようとしたのである。しかしそれはあくまでも作品の中のことであって、表現者としての藤村は、少なくとも文章においては、「社会」という言葉を使おうとしたように思える。この意味で藤村は現代の知識人の先駆と言うべき存在なのである。

五　世間との闘い――金子光晴にみる

「社会」と「世間」という言葉に対する藤村の態度が、知識人の典型であったとすると、その反対の極には金子光晴《かねこみつはる》がいるといってよいであろう。金子光晴のばあいは、「社会」や「世間」という言葉が問題なのではない。彼の全生涯の中に、この二つの概念に示される世界との、対決の姿勢を読みとることができるからである。「社会」が西欧伝来の概念を訳したものであり、個人によって成り立っていることを考えると、金子光晴は一面で、このようなヨーロッパに対する憧《あこが》れをもっていたであろう。しかしそのような感じは、彼の文章には僅《わず》かの例外を除いて、ほとんどうかがうことはできない。他方で「世間」という言葉は彼の作品の中に出てくるだけでなく、彼の詩業の全体が世間に対する戦いであったといってもよいのである。

「鮫《さめ》」には次のような二行がある。

俺は、ハッと眼をつぶって、奴らにぶっつかっていった。
奴らは壁だ。なにもうけつけない「世間」といふ要塞《バリケード》なのだ。

ここではただの二行の中に世間の本質がえぐり出されている。奴らとは鮫《さめ》のことであり、国家・社会でもある。その世間は何もうけつけず、国家の要塞だというのである。

鮫。奴は、尾行者のやうにひつこい奴だ。
鮫。泣いても、嘲笑っても駄目。
おどしてもいけない。
どうにもならぬところ迄俺を追ひつめる奴。

世間は個人にはどうにもならないものとして映る。そしてそこで自己を主張しようとする者を徹底的に追いつめ、世間に合わせるまで離れない。

奴らは一斉にいふ。
友情だ。平和だ。社会愛だ。
奴らはそして縦陣をつくる。それは法律だ。輿論だ。人間価値だ。
糞、又、そこで、俺達はバラバラになるんだ。

ここでは世間は、友情と平和と社会愛で結ばれたものとして現われる。しかもその中の序列は、まさに縦《たて》社会の序列なのである。それは法律と輿論《よろん》によって守られている。このような世間を、金子光晴はヨーロッパにも中国にも東南アジアにも見てきたが、それはとりわけ日本において、はっきりした姿を現わしているのである。「落下傘《らっかさん》」に描かれている私の祖国の実態も「寂しさの歌」に通ずるものであり、「寂しさの歌」で歌われているのは、日本の世間そのものなのである。明治以来日本の世間をこれほど詳細に実感的に描いたものはなかった、といってよいであろう。ここには移り変わり、変化を免れない「有情世間」、山や河、大地などの「器世間」も描かれている。いわば寂しさが、ただの感情の問題ではなく、日本人の生き方の問題であることが描かれているのである。

寂しさの歌

一

国家はすべての冷酷な怪物のうち、もつとも冷酷なものとおもはれる。
それは冷たい顔で欺く。欺瞞は、その口から這ひ出る。
「我国家は民衆である」と。

ニーチエ『ツァラトゥストラはかく語る』

どつからしみ出してくるんだ。この寂しさのやつは。
夕ぐれに咲き出たやうな、あの女の肌からか。
あのおもざしからか。うしろ影からか。

糸のやうにほそぼそしたこゝろからか。
そのこゝろをいざなふ
いかにもはかなげな風物からか。

月光。ほのかな障子明りからか。
ほね立つた畳を走る枯葉からか。

その寂しさは、僕らのせすぢに這ひこみ、
しつ気や、かびのやうにしらないまに、
心をくさらせ、膚にしみ出してくる。

金でうられ、金でかはれる女の寂しさだ。

がつがつしたそだちの
みなしごの寂しさだ。

それがみすぎだとおもつてるやつの、
おのれをもたない、形代《かたしろ》だけがゆれうごいてゐる寂しさだ。
もとより人は土器《かはらけ》だ、といふ。

十粒ばかりの洗米をのせた皿。
鼠よもぎのあひだに
捨てられた欠皿。

寂しさは、そのへんから立ちのぼる。
「無」にかへる生の傍らから、
うらばかりよむ習ひの
さぐりあふこゝろとこゝろから。
ふるぼけて黄ろくなつたものから、褪せゆくものから、

たとへば　気むづかしい姑めいた家憲から、
すこしづつ、すこしづつ、
寂しさは目に見えずひろがる。
襖《ふすま》や壁の
雨もりのやうに。
涙じみのやうに。

寂しさは、目をしば〳〵やらせる落葉焚くけぶり。
ひそひそと流れる水のながれ。
らくばくとしてゆく季節のうつりかはり、枝のさゆらぎ
石の言葉、老けゆく草の穂。すぎゆくすべてだ。
しらかれた萱萱《かやすげ》の
丈なす群をおし倒して、
寂しさは旅立つ。
つめたい落日の
鰯《いわし》雲。

寂しさは、今夜の宿をもとめて、
とぼとぼとあるく。

夜もすがら山鳴りをきゝつつ、
ひとり、肘を枕にして、
地酒の徳利をふる音に、ふと、
別れてきた子の泣声をきく。

二

寂しさに蔽はれたこの国土の、ふかい霧のなかから、
僕はうまれた。

山のいたゞき、峡間を消し、
湖のうへにとぶ霧が
五十年の僕のこしかたと、

ゆく末とをとざしてゐる。
あとから、あとから湧きあがり、閉す雲煙とともに、
この国では、
さびしさ丈けがいつも新鮮だ。

この寂しさのなかから人生のほろ甘さをしがみとり、
それをよりどころにして僕らは詩を書いたものだ。

この寂しさのはてに僕らがながめる。桔梗紫苑《ききやうしをん》。
こぼれかかる露もろとも、しだれかかり、手をるがまゝな女たち。
あきらめのはてに咲く日蔭草。

口紅にのこるにがさ、粉黛《ふんたい》のやつれ。——その寂しさの奥に僕はきく。
衰へはやい女の宿命のくらさから、きこえてくる常念仏を。
……鼻紙に包んだ一にぎりの黒髪。——その髪でつないだ太い毛づな。
この寂しさをふしづけた「吉原筏《いかだ》。」

この寂しさを象眼した百目砲《づつ》。

東も西も海で囲まれて、這ひ出すすきもないこの国の人たちは、自らをとぢこめ、
この国こそまづ朝日のさす国と、信じこんだ。

爪楊子をけづるやうに、細々と良心をとがらせて、
しなやかな仮名文字につゞるもののあはれ。寂しさに千度洗はれて、
目もあざやかな歌枕。
象潟《きさかた》や鳰《にほ》の海。
羽箒《はばうき》でゐがいた。
志賀のさゞなみ。
鳥海、羽黒の
雲につき入る峯々、

錫杖のあとに湧出た奇瑞《きずい》の湯。

遠山がすみ、山ざくら、蒔絵螺鈿《らでん》の秋の虫づくし。

この国にみだれ咲く花の友禅もやう。

うつくしいものは惜しむひまなくうつりゆくと、詠歎をこめて、
いまになほ、自然の寂しさを、詩に小説に書きつゞる人人。

ほんたうに君の言ふとほり、寂しさこそこの国土着の悲しい宿命で、寂しさより他なにものこさない無一物。


だが、寂しさの後は貧困。水田から、うかばれない百姓ぐらしのながい伝統から無知とあきらめと、卑屈から寂しさはひろがるのだ。

あゝ、しかし、僕の寂しさは、
こんな国に僕がうまれあはせたことだ。
この国で育ち、友を作り、
朝は味噌汁にふきのたう、
夕食は、筍《たけのこ》のさんせうあへの

はげた塗膳に坐ることだ。

そして、やがて老、祖先からうけたこの寂寥を、
子らにゆづり、
樒《しきみ》の葉のかげに、眠りにゆくこと。

そして僕が死んだあと、五年、十年、百年と、
永恒の末の末までも寂しさがつゞき、
地のそこ、海のまはり、列島のはてからはてかけて、
十重に二十重に雲霧をこめ、
たちまち、しぐれ、たちまち、はれ、
うつろひやすいときのまの雲の岐《わか》れに、
いつもみづ〳〵しい山や水の傷心をおもふとき、
僕は、茫然とする。僕の力はなえしぼむ。
僕はその寂しさを、決して、この国のふるめかしい風物のなかからひろひ出したのでは
ない。

洋服をきて、巻たばこをふかし、西洋の思想を口にする人達のなかにもそつくり同じやうにながめるのだ。
よりあひの席でも喫茶店でも、友と話してゐるときでも断髪の小娘とをどりながらでも、
あの寂しさが人人のからだから湿気のやうに大きくしみだし、人人のうしろに影をひき、
さら、さら、さらさらと音を立て、あたりにひろがり、あたりにこめて、永恒から永恒へ、ながれはしるのをきいた。

三

かつてあの寂しさを軽蔑し、毛嫌ひしながらも僕は、わが身の一部としてひそかに執着してゐた。

潮来節《いたこぶし》を。うらぶれたながしの水調子を。

廓《くるわ》うらのそばあんどんと、しつぽくの湯気を。

立廻り、ゐなか役者の狂信徒に似た吊上つた眼つき。

万人が戻つてくる茶漬の味、風流。神信心。
どの家にもある糞壺のにほひをつけた人たちが、僕のまはりをゆきかうてゐる。
その人達にとつて、どうせ僕も一人なのだが。

僕の坐るむかうの椅子で、珈琲を前に、
僕のよんでる同じ夕刊をその人たちもよむ。
小学校では、おなじ字を教はつた。僕らは互ひに日本人だつたので、
日本人であるより幸はないと教へられた。
(それは結構なことだ。が、少々僕らは正直すぎる。)

僕らのうへには同じやうに、万世一系の天皇がいます。

あゝ、なにからなにまで、いやになるほどこまぐ\と、僕らは互ひに似てゐることか。
膚のいろから、眼つきから、人情から、潔癖から、
僕らの命がお互ひに僕らのものでない空無からも、なんと大きな寂しさがふきあげ、天までふきなびいてゐることか。

四

遂にこの寂しい精神のうぶすなたちが、戦争をもつてきたんだ。
君達のせゐぢやない。僕のせゐでは勿論ない。みんな寂しさがなせるわざなんだ。
寂しさが銃をかつがせ、寂しさの釣出しにあつて、旗のなびく方へ、
母や妻をふりすててまで出発したのだ。
かざり職人も、洗濯屋も、手代たちも、学生も、
風にそよぐ民くさになつて。

誰も彼も、区別はない。死ねばいゝと教へられたのだ。
ちんぴらで、小心で、好人物な人人は、「天皇」の名で、目先まつくらになつて、腕白
　のやうによろこびさわいで出ていつた。

だが、銃後ではびくびくもので

あすの白羽の箭《や》を怖れ、
懐疑と不安をむりにおしのけ、
どうせ助からぬ、せめて今日一日を、
ふるまひ酒で酔つてすごさうとする。
エゴイズムと、愛情の浅さ。
黙々として忍び、乞食のやうに、
つながつて配給をまつ女たち。
日に日にかなしげになつてゆく人人の表情から
国をかたむけた民族の運命の
これほどさしせまつた、ふかい寂しさを僕はまだ、生れてからみたことはなかつたのだ。
しかし、もうどうでもいゝ。僕にとつて、そんな寂しさなんか、今は何でもない。
僕、僕がいま、ほんたうに寂しがつてゐる寂しさは、
この零落の方向とは反対に、
ひとりふみとゞまつて、寂しさの根元をがつきとつきとめようとして、世界といつしよに歩いてゐるたつた一人の意欲も僕のまはりに感じられない、そのことだ。そのこと

だけなのだ。

昭和二〇・五・五　端午の日

ここで描かれているのはまずはモノである。女の肌、月光、障子明《しょうじあ》かり、枯れ葉、皿、欠け皿、襖《ふすま》や壁の雨漏《も》り、鰯雲《いわしぐも》、鳥海《ちょうかい》、羽黒の峯、奇瑞《きずい》の湯、味噌汁《みそしる》とふきのとう、はげた塗《ぬ》り膳《ぜん》。しかしこれらのモノが、たとえばヨーロッパに運ばれ、博物館に並べられたときには、もはや寂しさの歌には登場しない。はげた塗り膳も欠け皿もただのモノになる。しかし日本にある限り、これらのモノは寂しさの歌の対象になるのである。なぜなら、ここで歌われているのは、これらのモノを媒介にして結ばれている人間たちだからである。月光、ほのかな障子明かりなどが私たちに思い起こさせるモノ、金でかわれる女、十粒ばかりの洗い米をのせた皿、気むずかしい姑《しゅうと》めいた家憲《かけん》。これらはいまでも日本人の生き方を縛りつけている。遠山かすみ、山ざくら、蒔絵《まきえ》螺《ら》鈿《でん》の秋の虫づくしなどの美しさ、とくに自然の美しさと寂しさを詩に小説に書きつづる人、ここにも自然というモノを媒介にした、人と人の関係がある。

この詩に描かれているモノの多くは伝統的なモノである。しかし「落下傘」に描かれている「洪水《でみづ》のなかの電柱」のように、やや新しいモノもある。「僕はその寂しさを、決して、この国のふるめかしい風物のなかからひろひ出したのではない。／洋服をきて、巻たばこをふかし、西洋の思想を口にする人達のなかにもそつくり同じやうにながめるのだ」と金子光晴がいうとき、寂しさは単に伝統的なモノに対象化されないものとして、この国の人々の生き方に関わるものとして、浮かび上がってくる。ヨーロッパに憧れ、ヨーロッパの新思想を語る人々の足もとを洗う寂しさをも見つめているのである。そしてそれは、万人が戻ってくる茶漬《ちやづ》けの味、風流、神信心にも広がっている。こうして私たち皆に共通のモノにまで及んだとき、万世一系の天皇が、寂しさの根元として登場することになるのである。「遂にこの寂しい精神のうぶすなたちが、戦争をもつてきたんだ。／君達のせゐぢやない。僕のせゐでは勿論ない。みんな寂しさがなせるわざなんだ」というとき、第二次大戦の根本原因が私たちの世間にあるのだといっているのである。「寂しさが銃をかつがせ、寂しさの釣出しにあつて、旗のなびく方へ、／母や妻をふりすててまで出発したのだ」という。

金子光晴は、二度にわたるヨーロッパ旅行で、ヨーロッパの個人のあり方を目撃した。「西洋人であることのつまらなさが、異邦人の僕にも何となく解るような気持ちになってきた」とか、「彼らのもっているささくれだった心の肌ざわりには辛抱がならないときがあった」と語りながらも、フォンテンブローの森ではヨーロッパの合理主義にふれ、「森のなかに、木を切倒す斧の音が丁々ときこえ、その音があっちこっちに反響した。冬の森が語る冷厳な相貌が、フランス人のなかに一本通って、それがフランス人の知性となってゆるがないのではないかという実感を、手から手に渡されたような気がして僕は、この森でいくばくかの日を過したことが、無駄ではなかったとおもった。森のなかの大気は乾ききって、規矩《ものさし》でさしたような、ジオメトリックな、その縦の平行線の無限の連続は、しかし、なにをこの僕に課そうとしているのであるか、それは、おそらくいたいほど冷静な思索の序列となって残りえなくても、その爽快な雰囲気が僕のなかにゆれたなびくものとなって、そのあと十年、第二次世界戦争のときの僕の決意に廓然としたある影響を与えてくれたものと考えていいだろう。」と語っているのである。

もとより手がいれられているとはいえ、ただの自然に過ぎない森で、ヨーロッパ人の知性を感じられるはずがない。金子光晴は長い間の滞仏生活のなかで、ヨーロッパ人の合理性を十分に感じとっていたにちがいない。しかしながら生身のヨーロッパ人に会っているかぎり、そのいやらしさは辛抱しきれないほどなのである。個々の人を見ればいやらしいヨーロッパ人であっても、彼らが作り上げたものの中には合理性が貫かれている。金子光晴はそのことを十分に知りながら、フォンテンブローの森について語ったのである。

そしてヨーロッパにはなくて、日本にあるのが世間なのである。金子光晴の生涯は世間との闘いであったといってもよいだろう。その闘いは、いわゆる闘いとはちがって、離れてながめ、ときには近づいてはながめるといったものであったろう。彼は世間の仲間入りをしようとはしなかったが、世間から絶対的に身を離すこともしていないのである。それで「むこうむきになったおっとせい」と自分を呼ぶのである。

る。世間が私たちを縛っているのではない。私たちが世間に縛られることを望んでいるのであ世間を離れては自分が立ち行かないのである。どこでもいつでも群れているのが私たち日本人なのである。その私たちの群れの掟《おきて》が世間なのである。「僕は個人しか信じられず、団結した人間の姿に、自然悪しか見ることが出来なかった」と書く、金子光晴なのである。

ここにはヨーロッパを深いところで知ってしまったために、日本の社会の根底に潜んでいる世間の存在に気付き、その世間をなんとかして対象化しようとした詩人がいる。ここでは世間とは、ただの人と人との結合関係ではなく、日本の風土や美とも深くつながっているものとして、捉えられているのである。

世間は、山や川、野原や林、座敷や家、あるいは音楽の中にもその姿を現わしている。世間が人間関係の総体的表現であるかぎりで、これらのものが世間の象徴とならざるを得ないのである。世間はそのかぎりで日本の文化そのものなのである。モノを媒介とする関係と、目に見えない絆《きずな》によって結ばれた関係としての文化は、世間という顔をもっているのである。ところでうえに挙げたような意味での世間は、ヨーロッパには見られないものなのだろうか、もしないとするならばなぜなのか、という問いが直ちに浮かんでくるだろう。

II

個人と人格の成立について

一　個人と人格のありかた

日本の社会における個人の生き方・出処進退《しゅつしょしんたい》を、社会科学の対象としてとらえようとしたとき、その生き方の意味するものや世界史における位置などについて語ることは、必ずしも不可能ではないであろう。私たちは明治以後、近代学校教育の中で、自分を個人として意識し、一つの人格をもつ存在であることを学んできた。そのばあい、人格とは何か、とか、近代以前において日本人は個人の人格をどのように考えてきたのか、などと問うこともなく、私たちは過ごしてきたように思える。とくに周囲の人間関係の中で、一個人が自分の人格をもちつつ生きることの意味について、深い省察はなされていないように思われるのである。個人であることと、日本の社会の中に適応して生きて行くこととのズレが問題なのである。私たちは、高等教育を受けたのちは、そのズレに疑問をさしはさむようなことも機会も少なく、自分が西欧的な意味での一個の人格をもつ存在であることを前提として、すべての問題が立てられ、答えられてきたように思える。そのような自分を意識しながら、ヨーロッパ史を観察してゆくとき、ヨーロッパにおける個人の生き方と日本における個人のあり方との間に、明らかなズレがあることに気づかざるをえないのである。

一つの例をあげれば、カントは『啓蒙とは何か』の中で、「自分自身の悟性《ごせい》を使用する勇気をもて」と述べ(1)、それこそが啓蒙《けいもう》である、といっている。そして啓蒙を実現するために必要なのは自由であり、自由を行使しうるのは、次のようなばあいであるといっている。カントは自分の理性を公的に使用する自由について語っているのであるが、たとえば軍人が上官から何かの命令を受けたばあい、その命令が適切か否かを論議しようとするならば、大変困った事態になるであろう。軍人は上官の命令に服従しなければならないからである。しかし彼が軍務を離れて上官の命令の是非を論じ、公衆一般の批判に委ねることを禁ずるのは不当である、という。このばあい、軍人が上官の命令に服するのは、彼の理性を私的に使用したばあいであり、上官の命令を批判する自由は、まさに彼の理性の公的な使用によるものだという。カントはほかに、官吏のばあいと聖職者のばあいについて、おなじ問題をあげ、理性の私的使用について論じている。このような伝統は、現在でも西ヨーロッパにおいて生きており、西ドイツの連邦軍の高官が西ドイツの核配備について批判を加えたのはつい先日のことであった。しかしながら日本においては、このような理性の私的使用と公的使用の区分は、一般的に認められているとはいえないであろう。今日においてなお、企業内部の人間が、一般社会人として企業の不正を暴《あば》くには、職を賭《と》す覚悟が必要であり、警察や自衛隊の内部においては、実際に批判をした人間が処分されている例さえあるのである。

カントは理性を公的に使用するばあい、その人は学者として発言しているのであるから、そのために損害を与えられてはならない、といっている。しかしわが国では学者ですら、相互の本格的な批判を行うことは極めて稀である。わが国においては、批判が相手の存在そのものへの批判として、うけとめられかねないからである。そこにはカントのいう理性の私的使用と公的使用の区別がなされていないのである。理性のこの二つの区分の仕方には、もちろん問題もあるが、ヨーロッパでは、カントのばあいほど明瞭に区分されてはいないにしても、人間の存在が、公的、私的の両面をもつことについて、すでに古い時代から了解があった(2)。共同体の中における個人の人格の問題として、この問題は、私がこれまで考えてきた問題の延長線上に位置づけることができるのである(3)。

私たちは明治以降、西欧化の波の中で、西欧的な個人を身につけようとしては失望を重ねてきた。ときにヨーロッパに遊び、パリに住み、西欧人になりきったつもりでいても、いつも心の奥底では日本古来の心性《しんせい》が抵抗している。ヨーロッパにおける個人の位置と日本における個人の位置とのこのズレの存在を、詩という形で表現したのは、高村光太郎である。高村光太郎は、「暗愚小伝《あんぐしょうでん》」の中で、文明としてのヨーロッパ（パリ）を次のように歌っている。

私はパリで大人になつた。
はじめて異性に触れたのもパリ。
はじめて魂の解放を得たのもパリ。

パリは珍しくもないやうな顔をして
人類のどんな種族をもうけ入れる。
思考のどんな系譜をも拒まない。
美のどんな異質をも枯らさない。
良も不良も新も旧も低いも高いも、
凡そ人間の範疇にあるものは同居させ、
必然な事物の自浄作用にあとはまかせる。
パリの魅力は人をつかむ。
人はパリで息がつける。
近代はパリで起り、
美はパリで醇熟し萌芽し、
頭脳の新細胞はパリで生れる。
フランスがフランスを超えて存在する。
この底無しの世界の都の一隅にゐて、
私は時に国籍を忘れた。
故郷は遠く小さくけちくさく、
うるさい田舎のやうだつた。

私はパリではじめて彫刻を悟り、
詩の真実に開眼され、
そこの庶民の一人一人に
文化のいはれをみてとつた。
悲しい思で是非もなく、
比べやうもない落差を感じた。
日本の事物国柄の一切を
なつかしみながら否定した。

ここには、普遍的な文明としてのヨーロッパに出会った高村光太郎がいる。しかし「出さずにしまつた手紙の一束」の中で、同じ高村光太郎は、パリについて次のように書いている。

僕には又白色人種が解き尽くされない謎である。僕には彼らの手の指の微動をすら了解する事は出来ない。相抱き相擁しながら僕は石を抱き死骸を擁してゐると思はずにはゐられない。その真白な蠟の様な胸にぐさりと小刀《クウトウ》をつつ込んだならばと、思ふ事が屢々あるのだ。僕の身の周囲には金網が張つてある。どんな談笑の中団欒の中へ行つても此の金網が邪魔をする。海の魚は河に入る可からず、河の魚は海に入る可からず。駄目だ。早く帰つて心と心とをしやりしやりと擦り合はせたい。寂しいよ。

ここには、文化としてのパリにふれた光太郎がいる。文明や文化という言葉を、私は通常の意味とはちがった内容で使っているのだが、文化とは私の言葉でいえば、モノを媒介とした人間と人間の関係と、目に見えない絆《きずな》によって結ばれた人間と人間の関係の総体をいう。モノとは、土地や自然、動物や植物、家や道具など、目に見えるもののすべてを意味し、人間が、特定の地域の中でそれらのモノに囲まれて暮らし、それらのモノと不可分の関係を結んでいる、その関係の全体をいう。口頭伝承《こうとうでんしょう》の世界で現われてくるモノは、すべて特定の名称をもち、大地、森、河や林なども、抽象的な名で呼ばれてはいなかった。口頭伝承の世界の特徴は、すべてのモノが具体的な名をもっている点にある。しかし同時に、信仰や掟、愛情や思想、音楽や感情のこもった言葉などが、目に見えない絆となって、人と人との関係をも媒介していた。この二つの関係の中で、人間関係のすべてが成り立っているのであり、その総体が文化である、といってよいであろう。いわゆる芸術作品や文化財は、この二つの人間関係の総体の中から生まれた結果にすぎないのである。

このようなモノを媒介にした関係と目に見えない絆によって結ばれた関係は、歴史の中では特定の地域で特定の人々によって担われてきたものであって、そのかぎりでどうしても非合理的なものを包含せざるをえない。余処者《よそもの》を排除し、仲間内《なかまうち》だけですべての問題を処理し、自分たちにしか解らない言葉によって結ばれた感性の世界があることを確信しているのである。高村光太郎が、「出さずにしまつた手紙の一束」の中で接触したのは、このような非合理的で排他的な文化をもつ町としてのパリであった。(4)

しかし光太郎は、他方で、文明としてのパリに出会っている。「暗愚小伝」の詩が示しているパリである。この文明のなかでは、人種を問わず、誰もが受け容れられ、思考のどのような系譜も拒まれず、フランスがフランスを超えて存在するという。ここには光太郎の思い入れもあるだろうが、ヨーロッパが、歴史のある段階で、文化の次元から文明の次元へ飛翔したことも事実である。ヨーロッパが文明の段階に飛翔した時期は、私の考えでは十二世紀ごろを始点とするのちの展開であるが、それは産業革命の後に完成され、全世界がヨーロッパ的思考の枠にとらえられていった。それは感情というよりは、理性によって結ばれた人間の結合関係にもとづいており、合理的で理性的な人間関係が生まれつつあった。文明は、文化と違って、誰にでも開かれる性格をもっていたからである。

私たちの文化は、短歌という古代のコミュニケーションの手段や、相撲という古代の競技が現在も盛んであることに示されているように、古代的な層を強く保存し、それは、日常生活を規定している互酬《ごしゅう》関係という枠の中で、今でも大きな位置を占めている。日本の社会がもつこのような古代的な特質は、全世界の中において観察してみると、程度の差はあるが、決して日本にのみ固有なものではなく、とくに互酬性についていえば、それは普遍的な広がりをもつものである。私たちは、日本社会のもつ古代的＝普遍的特質を分析し、それを全世界史のなかに位置づける作業として、世界史を新たに描かなければならないだろう。そのためには、伝統的な歴史学の枠組みは極めて不十分であり、人類学、民俗学、社会学、文学、音楽学、宗教学などとの接触の中から、新しい視野を開いてゆかなければならないのである。

ところで私たち自身の問題についていえば、高村光太郎が「暗愚小伝」で描いているような個のあり方を望みながら、その確立に成功しているとは到底いえない状況にある。私たちは今も、日本社会の古代的な層をそれぞれの中で抱えているのだから、西欧的な個の確立がそのまま現実の日本の社会の中で達成されるはずもないのだが、伝統的な歴史学の枠組みの中では、この点が十分につめられていないように思われるのである。このような状況の中で、同じく古代的な層をもっていたにちがいない西欧社会では、個がどのようにして確立していったのか、という問いが自然に出て来るであろう。西欧社会も、光太郎が「出さずにしまった手紙の一束」の中で垣間見たように、独自の文化を抱え、その限りで何がしか古代的な層をもっていたからである。

この問題については、これまで、フィリップ・アリエスやその他の研究者(5)がさまざまな角度から分析を試みているが、私にはソヴィエトのアーロン・グレーヴィッチの発言が、とく

に注目すべきもののように思われる。(6)

二　人格を求めて――アーロン・グレーヴィッチの問題提起

『中世文化のカテゴリー』の中で、グレーヴィッチは一章をさいて、個人と人格の問題を扱っている。グレーヴィッチは、中世人の時間と空間、法、労働と富に関する意識を分析し、それらを中世文化の基本的なカテゴリーとして位置づけている。それぞれのカテゴリーは、個々人が世界を観察し、世界を相手として生きてゆき、行動するときの自己認識のパラメーター（助変数）として役立っている、と考えられるからなのである。もちろん、これらのカテゴリーを分析しただけで中世における個人＝人格の特徴が浮かび上がってくるわけではないが、問題の枠を考察する糸口にはなると考えられている。

グレーヴィッチは、ヨーロッパ中世における個人と人格の形成の問題を、思想史家のように抽象的に扱っているのではない。彼は「社会の中における人格の位置は、その社会の中で機能している法によって著しく規定され、規制されている。同時に人格の現実的な位置は、法規範とその解釈の中に反映されており、社会と法の関係がある程度、社会と人格の関係を表現しているのである」(1)と述べ、人格の問題を社会的に分析しようとしているのである。グレーヴィッチは、中世ヨーロッパにおいては法が社会成立以前にすでに重要な位置を占めており、この点で伝統主義 Traditionalismus 規範への拘束、宗教の支配などのもとにあり、ヨーロッパとは別の道を歩んだ他の文化圏における中世社会と異なっていた、といっている。たとえばヨーロッパでは、法は教会から相対的に独立しており、教皇権と皇帝権との対立にみられるように、教会が全世界を支配しているという理念があったにもかかわらず、両権力は併存していた。しかるにイスラム圏では、教会法と世俗法の区別がなく、世俗法は純粋な形では成立していなかった。また中国では、法は社会構造の基礎とは考えられておらず、個人の行動を規制するものでもない。人間の行動を規制する別の規定があり、個人が自分の権利について語ることがあるとすれば、それはその社会の何かが悪いためであり、社会と隣人に対する義務が問題なのである。この二つの地域における法と社会との関係は、ヨーロッパのそれとは極めて異なっているが、それは社会秩序が伝統に拘束されているとか、法と宗教が結びついているといった原因によるものではなく、もっと深いところに原因があるという。グレーヴィッチは、社会の中における法と人格の関係の問題に原因があるとみているのである(2)。いいかえれば社会・文化のカテゴリーのひとつとしての法を、個人の本質的な側面が示される人間の意識の諸形態の一つ、として観察しようとしているのである。

そこでまずゲルマン諸部族における法の観察から始める。ゲルマンの社会では、法と道徳は分化しておらず、人間は宗教に根ざす規範にしたがって暮らしていた。ゲルマンの部族法は、近代法よりもはるかに広い範囲にわたるものであった。そしてキリスト教の普及以前にすでにゲルマン人のもとでは、法は人間を結びつける一般的な絆《きずな》であることが意識されていた、という。グレーヴィッチは、その例として、lag（lög）という概念をあげている。もっとも広義には、lag は秩序（当然の状態にすること）、階梯（形容詞としては十分に長いなど）、価格、支払い、しかるべき時（時間）、音楽のモチーフ（調和）、詩の構成、尺度などの意味であり、ここでは lag という言葉は、尺度や事物の状態、物事の関係などに配慮する態度を示している。

狭義には、人間のグループや友人関係、男女の共同生活などの人間関係を意味していた。複数になると、lag は法、規定を意味し、文字どおりの意味では、「確定されていること」を示していた。人間が法を立てるということは、人間同士の間に結びつきの体系を作ることであった。「国は法の上に立てられ、法の衰退と共に衰える」(3)という法諺《ほうげん》が、この言葉の内容を示している。この言葉は、拘束力のある法のもとで生きている人間の組織にも用いられていた。したがって、「ある人間と一つの法のもとにある」とか、「誰かを法のもとにおく」といった表現があったのである。また法が通用する範囲も lag で示されていた。この言葉は、それが示している人間の結びつきの道徳的な価値をも表現していたのである。法は世界秩序の基礎とみなされていた。

この他に réttr という言葉があり、形容詞として用いられると「正確な」「正しい」「正義の」といった意味であり、名詞としては法と規則を意味していた。lag と réttr は、大変似通った意味をもっていたが、同じではなかった。réttr は社会の中で結びあった人間の状態としての法という概念を示すというよりは、個人の権利、その地位 status を示すものであった。したがってこの言葉は、個人の権利が侵害されたときの代償の意味をもっていた。こうして lag は一般的な法概念を示すものであり、réttr は個人の具体的なものを意味していたと考えてよい、という。古英語の richt (ryht) は、lag に対応するもので、人間の一般的な結びつきを示している[4]。

このような意味において、法の外におかれるということは人間の社会から排除されることを意味していた。人間狼《にんげんおおかみ》[5]などは、まさにその様な状況の中で狼として人間社会から追放されたもの、のことである。したがって法のもとにあり、法にしたがって暮らすということは、他の人間と共に暮らし、正義と互いの個人的な権利の尊重にもとづいて関係を結ぶことを意味していた。部族法においては、主として自由人である個人の権利と財産の保護、並びにその毀損《きそん》に対する罰が定められていた。

ところで lög という語は、örlog という古来の法、つまり運命と近い意味をもっていた。ゲルマン人の意識の中では、運命に対する信仰が大きな意味をもっていた、という。ゲルマン人は生得の法をもっており、貴族、平民、隷属民《れいぞくみん》として生まれ、それぞれのグループあるいは階層に属していることによって、その個人の行動も決まっていた。個々人が特定の状況の中でどのような行動をするかは、あらかじめ、予測しえたのである。それぞれの個人の行動は、特定のグループに属することによって、厳しく規制されていたからである。いわば神々や祖先、長老などの範にならって、あらかじめプログラムされていたのである。個人の行動は様式化されており、厳しい形式によって定められていた。とはいえ部族社会の個人に意志がなかったわけではない(6)。ただ彼の意志は、まず第一に集団が立てた目的の達成に向けられていたのである。こうして、個人の意志の表明は、特定の状況の中で自己の内的な願望にしたがっていかに行動するかという自由な決断にあったのではなく、集団の要求と必要に広い意味で応える手段の選択にあった。

そこでは道徳も、個人のものというより家や氏族などの集団のものであり、高貴な生まれの者は志《こころざし》高く、尊敬すべき人間であり、その行動は模範的なもの、と考えられていた。勇気があり、寛大であることが、その特徴と考えられていた。貴族でないものにそのような特性があるなどとは誰も考えなかったのである。したがって美しいけれども愚かだ、などということはありえなかったのである。美は常に道徳的な価値をも示していたからである。

ところでこのような社会は、キリスト教の受容によって、決定的に変貌せざるをえなかった。ゲルマン社会の伝統的な秩序を本質的な点で変化させずに、キリスト教を受容することは不可能であったからである。とくに法の分野において、教会は大きな変化をもたらした。中世においては、道徳と法はどんなに外見上近いものに見えたとしても、決して同じものではなく、道徳は人間の内的生活を規定するものであり、自由意志の表現つまり良心と結びついていたのに対し、法は個人を超えた力として理解され、人間はそれに従わねばならないものと考えられていたのである。しかしながらゲルマン部族社会の法も、教会や封建社会によって駆逐《くちく》されてしまったわけではなかった。部分的に変化しながらも、それは中世法の一つの基礎として、受け継がれていったのである。しかしながら、中世における法の一般的性格や他の生活を構成していたものは、広い範囲にわたってキリスト教の教義によって規定されることになった。こうして、古代地中海世界に発するキリスト教と古ゲルマン人の社会生活との接触の中から、中世社会が徐々に浮かび上がって来ることになるのである。

教会は、法に関しては、聖書、とくにパウロの書簡にもとづいて一義的なものと考えており、神が生み出した法が普遍的に妥当しなければならないと考えていた。(7) 法は人間が作るものではなく、神から贈られるものであり、自然人としての人間は、洗礼によってキリスト教の共同体に入り、自分が作ったわけでもない法を守る義務を負うことになるのである。このような社会において、個人はどのような位置を占めることになるのだろうか。

この点についてグレーヴィッチは、かつて主張されたように、中世からルネサンスまでは個人は存在せず、個人は社会の中に完全に組み込まれ、社会に完全に服従させられていた、という説はいまでは支持しえないと述べている。たしかに、近代になってヨーロッパで成立したような個人は、中世にはいなかった。社会に対して完全に自立し、主権を持っている、という幻想を抱いているような個人は存在していなかった。が、歴史の中で、人間は、常に極めて多彩な形ではあるが、常に自己を意識してきたのであった。集団から分離したり、集団の中に包まれたりしながらも、人間は決して個々人としての特性を持たない、同種の者の群れの中の、他と区別しえない存在であったことはなかった、という。そしてまさに中世において、人格という概念が形成されていった、というのである[8]。

古代において、ギリシア人やローマ人にとってプロソポン προσωπον あるいはペルソナ persona は、本来、顔や芝居の仮面あるいは儀式の際の面のことであった。ペルソナ・人格は、ここでは隠蔽の手段となっており、仮面とそれをつけた者との間には複雑な結びつきがあった。グレーヴィッチは参考文献にあげていないが、ペルソナとプロソポンに関してはシュロスマンの研究が最もすぐれたものであり、演劇の仮面としてのペルソナからローマ法史料に現われたペルソナ、教父たちのもとで形成されていったペルソナの概念と、三位一体の概念について、詳しく論じられている。そこではペルソナの概念は、人間のみでなく神にも用いられていた点が注目されるところである。とくにローマにおいて、ペルソナの概念が、法の分野において、絶対的な人格に転化していった。ローマ法においては、ペルソナ・人格と物と行為しかなかった、といわれている。ローマの市民は、法的、宗教的な人格であって、先祖と生命と財産をもっている存在であり、それゆえに彼は奴隷《どれい》をも所有している。奴隷は、自分自身の身体を所有することができず、自由人の他の特性をもっていなかったから、奴隷には人格はなかったのである。しかし古代ローマには、人格について定義した哲学者はいなかった。芝居の仮面から内面的統一性をもつ人格への移行は、キリスト教のもとで進行していった、とグレーヴィッチはいっている。キリスト教のもとで、人格は霊魂をもつことになり、それは個人の基礎として、滅ぼすことのできない人格の核を成すものとなっていったのである。(9)

六世紀初頭にボエティウスは、人格の定義を行い、rationalis naturae individua substantia とした。それは合理的な性格をもち、分割することのできない個体といった意味であり、中世を通じて通用する定義であった。中世において persona は、per se una それ自体で統一している存在、と理解されてもいて、三位一体の神の似像としてとらえられていた。トマス・アクイナスは、ペルソナとは自然全体の中で最も完成されたもの、と述べている。それ自体で完結した、理性をもつ自然とみているが、それはまさに神のペルソナとかかわる定義である。ペルソナという名はまさに神にふさわしいものなのである。こうして、キリスト教における人格概念は、矛盾した状況に立たされることになった。一面において、人間は神に似せて作られたもの、とみられていた。人間は他のもののために作られたのではなく、むしろ全世界が人間のために作られたのであり、人間はすべてのものの完成を意味していた。世界が人間のために作られたものである以上、人間の中に全世界とその統一性を見いだすこともできると考えられていたのである。

ところが人間は他方で神の奴隷であった。しかし神に使われることとは、人間を貶《おとし》めるわけではなく、むしろ人間を高め、救済することなのだというのである。奉仕は謙虚さを必要とし、個人的な好みを抑えなければならない。個人的な好みはキリスト教の厳格な理想と矛盾するからである。人間の救済は現世ではなく、彼岸において初めて実現されるものであるから、人格の自由な進展はありえなかった。こうしてキリスト教における意志の自由とは、魂の救済を妨げるすべてのものを避けよ、という命令となった。魂と肉体は異なった次元に属していたのである。魂は永遠に、肉体は時の移ろいのもとにおかれていたからである。

中世の人間は、洗礼によってキリスト教徒の共同体に加入し、そのとき自然人がキリスト教徒に変容したとみられていた。つまり洗礼は人間存在の全体にかかわる行為であって、以後彼の人生は生得の好みや資質によって営まれてはならず、聖なる共同体に参画しなければならないのである。キリスト教徒になったとき、その人間は、救済の可能性を手に入れることになるが、同時に自己の個性を放棄することにもなる。以後は与えられた掟にしたがって生きて行かなければならないのである。しかしながらそれは、社会によって個人が抑圧されていたことを意味するわけではない。中世の人間は、通常、自分を物事の中心において考えてはいなかった。個人の内的生活は、独立した一つの全体をなしていたわけではないのである。

この点についてグレーヴィッチは、中世に書かれた自伝を参照しつつ、中世には独立したジャンルとしての自伝は存在していなかったと述べている。自己について語るものがいるとすれば、彼は自己を罪人、正しいもの、などのタイプの中で語っているのであって、自己の個性に集中して叙述してはいない。個人は、人間の全カテゴリーに固有な一般的なものを通して示されるのであって、個人の内的生活の有機的中心として示されるわけではない、と述べている。中世人は集団の中でのみ自己を意識しえたのであって、個人として行為する必要はほとんどなかった。集団の目的や規範に背くことは許されなかった。それは罪を意味していたのである。個人としての自己主張は、集団と一体化するなかで、なされたのである。サン・ドゥニ修道院長スジェは、自分自身を、修道院と一体のものとして意識していた、という。このような自己の捉え方は、いまでも私たちのまわりにみられないだろうか。中世の自伝について大部の研究を出したミッシュ⑩は、E・パノフスキーに従って、次のように述べている。ルネサンスの巨人たちは、自己の人格を求心的に捉え、世界を自分の中に映しだそうとしていた。それに対して中世の人間は、自己を遠心的にとらえ、自己を周囲の世界に投影し、そこに吸収される姿でとらえていた、と。

このことは中世の聖者伝などにも見られ、罪人が突然の回心によって聖者になるのであって、回心の内的経過は全く語られていないのである⑪。年代記においても、個人とは誇り高さとか勇敢さ、高貴さ、臆病《おくびょう》、悪意などの特性の持ち主として登場するにすぎない。中世のペルソナとは、古代のような仮面ではもはやないが、真剣に注意深く自分の役割を演じている役者のようなものだ、という。個々人の生活も、幼年から少年を経て成人へと内的に成長してゆくのではなく、一つの世代から次の世代へ突然に移行するもの、とされているのである。したがって、教育も年齢別に行われるのではなく、成人も未成年も同じ教室で学んでいたのである。家族は、中世においても、確かに社会の再生産の単位をなしていたが、氏族に対する帰属意識ほど家族の意識は発達していなかった。ようやく近代になって初めて、家族は、男と女の結合体のみでなく、子供の教育を営む社会的に重要な核として位置づけられてゆくようになる。(12)中世において、人格が積極的に評価されたのは、主として典型的な形で現われるときであり、それは繰り返されるものであり、したがって仲間や社会集団の中で適応してゆける特性をもっているばあいであった。individuum est ineffabile 個人は表現し得ない、という言葉は、典型的なもの、一般的なものとして個人を超えるものに先ず第一に目を向けている、この時代の特徴を示しているのである。(13)

ところが十三世紀には、個人の自己意識に転機が訪れる。絵画においてはポートレートが登場し、文学作品においてもラテン語ではなく、母語による作品が増加し、微妙な感情の表現にラテン語より大きな可能性が開かれたのである。いわば芸術作品における個性化が始まったのである。自然科学においても、権威に代って実験が行われるようになり、アリストテレス主義の普及と共に哲学の問題の立て方も変わっていった。これまで人間の霊魂のみを問題にしていた哲学者たちは、十三世紀には、不可分の統一体としての霊と肉体に目を向け始めるようになったが、それこそ人格を形成するものなのであった。

トマス・アクイナスは、ボエティウスに遡る人格の定義を詳細に論じ、個人の行動における理性的なものと自己意識と並んで、人格は、自分の行動に責任をもつという点を強調している。人格は、神の摂理によって自ら決定を下すよう導かれており、したがって彼の行為は個人的な行為となる。人格は不可分であるだけでなく、尊厳《そんげん》をもっている、とトマスは述べている。この尊厳は、まさに人間が理性をもっていることにもとづいているのだが、そこにこそ人間の自由の基礎がある。トマスは個人と社会の問題を論じ、個人に対して全体の福祉が優先されるという。しかし社会は、個人と違って、独立した実体ではない。なぜなら社会は、特定の目的を達成するために集まった個人から成り立っているからである。人格は不死の霊魂をもち、神を見ることができるが、社会にはその能力がないからである。社会は手段であり、人格が目的なのである。したがって社会は人格に奉仕するものなのである。[14] ここにはすでに新しい問題が示されている。個人の意味は、やがて、ドゥンス・スコトゥスやダンテにおいて、さらに深められてゆくことになるのである。グレーヴィッチは、ここで注目すべき発言をしている。

「中世において、人格に関する教えが神学によって制約されていたこと、並びに個性的なるものを犠牲にして典型的なものに向かう傾向が強かったことを強調するとき、注意しなければならないのは、この時代の西ヨーロッパにおける個人の評価が、ある程度、東の諸民族における哲学的、倫理的な評価に似ている点である。東の考え方（東の全体を判断する危険を意識したうえでのことだが）においては、個人主義は、ネガティヴな意味をもっており、しばしばエゴイズムとして理解されている。個人の権利よりも義務を優先するのは正しいこととされている。しかしのちになると市民社会の発展の道をたどった西において、個人の原理の役割と意味がますます強調されるにおよんで、西と東の伝統にたつ人格の評価は分化していった」(15)。ここにはまさに私たちが出した問題との接点がある、ということができよう。グレーヴィッチはここで重要な指摘をしている。中世における人格の問題を扱うときに、中世には人格がなかったとか、不十分にしか形成されていなかった、という印象を与えないようにしなければならない、という。このような考え方は、近代における個人の人格のあり方をありうる唯一のタイプだと考えるところから生まれるものだからである。いうまでもなく、私たちも冒頭で述べたように、今日の日本における個人の人格のあり方に対する問題性の指摘からはじめたのだから、このような態度はとりようもない。

近代における人格と個人を、中世におけるそれと対比したときに、中世の人格には制約があるかに見えるのは、中世の人間には近代になって失われてしまう特性があったためなのだ、とグレーヴィッチはいう。その点についてグレーヴィッチは、人間と自然の違いや時間のあり方、さらに労働と富のあり方などの中世文化のカテゴリーに注目し、それらが自己目的となってはおらず、生活を維持するための手段にすぎず、集団あるいは身分の構成員としての人間が自己主張するためにあった、ことを指摘している。たとえば労働は、社会の必要を満たすために行われねばならなかったが、生産力を高めるという理念は中世には存在せず、単純再生産こそが規範であり、理想であった。富も、社会的な徳のしるしであり、友人との交際のために用いられ、それ自体が目的になってはいなかった。いわば中世人は、いまだ疎外《そがい》を知らない社会に生きていたのであった(16)。近代にはいると、かつて生活との直接的な関係を体現していたさまざまなものが、価値を失ってゆくことになる。

以上、長々とグレーヴィッチの「人格を求めて」という論文を紹介してきた。ここでグレーヴィッチが最後にあげている東方の問題に戻ると、私にはこの東方にはロシアも含まれていると思われるのである。そのことは、もとより、はっきりとは述べられていない。しかしなぜグレーヴィッチが『中世文化のカテゴリー』という大著のなかで、わざわざ一章をさいて、人格の問題を最後に扱っているのかを考えると、グレーヴィッチは、ロシアにおける人格・個人の問題から出発しながら、西ヨーロッパ中世文化の諸問題にふみこんでいった、と思わざるをえないのである。そこにはおそらく現代のロシアがかかえている文化の古代・中世的な層の問題があるのであろう。現代に生きる歴史家として、ロシアにおける個人と人格の問題を真剣に考えようとすると、どうしても西ヨーロッパにおける人格の形成の問題をさけて通るわけにはいかないのである。このように考えるとき、グレーヴィッチも私たちと基本的には変わらない問題状況のなかにあって、個人と人格の問題を考えていたのではないか、と思われるのである(17)。

三　初期キリスト教の時代——ピーター・ブラウンの問題提起

問題状況が基本的に同じであるといっても、具体的な問題や意識のあり方は必ずしも同じとはいえない。私たちはグレーヴィッチによる人格の研究に注目し、その内容を分析しながらも、そこにはいまだにくみつくされていない問題があることを感じざるをえないのである。それはひとつにはゲルマン部族社会にみられる個人の位置づけであり、もうひとつはそれがキリスト教と出会ったとき、どのように変質していったのか、という具体的な経過である。そしてもうひとつの問題は、キリスト教によってゲルマン社会の伝統的な性格が大きく変革されたとグレーヴィッチがいうとき、それは一体なぜなのか、キリスト教にはどうしてそのような力があったのか、という点である。この問題こそ私たちの問題なのである。大きな変革と革命の経験をもたない私たちにとっては、キリスト教の受容によってヨーロッパにあれほどの大きな変化が生じた、ということは不思議なことであり、その原因を探りたいと思うからである。ここでは叙任権《じょにんけん》闘争における聖俗の分離の問題その他の初期・中期中世の諸問題は別の機会に扱うことにして、問題の所在だけを示しておきたい。

　ことの順序としてキリスト教の問題にまず目を向けたいと思うのだが、ここではグレーヴィッチから離れて、二〜三世紀から五〜六世紀の古代世界に目を向けなければならない。人格と個人のあり方を社会との関係のなかで探ってゆくうえで、重要な観点として、人間と自然との関係の問題がある。人間の肉体は人間にとってひとつの自然であるが、人間は肉体という自然から脱却する努力を重ねてきた。他方で人間をとりまく社会も、ときにはひとつの自然としてうけとめられるばあいがある。迷信や俗信のなかに生きる個人にとっては、迷信や俗信は彼が生きてゆくうえでの自然なのである。そこで、肉体という自然から脱却しようとした初期のキリスト教の問題に、目を向けてみたいのである。そもそもキリスト教がこの世にはじめて足跡をしるした地域で、一体何が起こっていたか、を見なければならないからである。この点について、最近の古代史学のなかで傑出した業績であるピーター・ブラウンの研究を、まず見なければならないであろう。ピーター・ブラウンにはこの問題について大きな仕事がいくつかあるが、一九八一年に出た『聖人崇拝の儀礼』において、古代末期の地中海地域の宗教について、次のように述べている(1)。

古代末期地中海地方の住民の宗教は、他界信仰 otherworldly というよりは天空界信仰 upperworldly であった、といえる。その前提は、宇宙の表面を貫いて走る溝である。星辰《せいしん》が全く安定して常に変わることがないのは、まさに宇宙の神的性格を示しているからである。地球は月の下で in sentina mundi 世界の底にあり、瓶の底に溜《たま》った澱《おり》のようなものである。人間は死ぬと、この溝を越えて、天空界に昇ってゆくのである。死ぬと霊魂は、地上の澱からなる肉体を離れ、天の川の星々の中で人々をじらすかのように地上を見おろしている明るく透明な光の中に、自分の真の特質と調和した場所、を見いだすのである。しかしそれは死後に初めて可能になること、なのである。だからローマの民衆が、ロムルスの死体が天の彼方に消えたと信じていることを、プルタルコスは未開人の心性の悲しい印とみていた。徳の高いものの魂は星辰の中の神々の位置に加わることはできる。しかしそれは肉体が捨てられて後のこと、なのである。ユダヤ人もキリスト教徒も、復活を信ずるなかで、いつか宇宙の障害が取り払われるだろう、と心に思い描いていた。預言者エリアもキリストも、プルタルコスがロムルスには不可能だったはずだといっていることを成しとげているからである。しかし当分の間は、地上と星々の間の障害は、一般のキリスト教徒にとっては古代末期の他の人々と同様に、堅固なものとして存在していた。

このような古代人の宇宙観は、古代人の人格観や人間観にどのような影響を与えていたであろうか。二〜三世紀の人々は、自己を複合的な存在として感じており、自己から神にいたる媒介者の連鎖《れんさ》について鋭い感覚をもっていた。プルタルコスはこの点について確信していた。一般の民衆とちがって彼は、霊魂は単一で均質的なものではない、と書いている。それはさまざまな層からなる複合的なもの、なのである。それらの層の彼方に、さらに別の層があり、それが自己の魂なのである。それは、我々が知っている魂より、はかりしれないほど優位にあるもので、ちょうど魂が肉体より優位にあるようなもの、なのである。かくして自己とはヒエラルヒーであって、その頂点は、直接に神の下にある。その頂点に、古代末期の人間は、目に見えない守護者をおいた。この守護者が、個々人のダイモーンであれ、ゲニウス、守護神あるいは守護の天使であれ、その役割は同じであった。それは個々人の世話をするべく委《ゆだ》ねられた、目に見えない存在なのであり、人間と極めて親密な関係をもっているもので、個人の変わることなき仲間、というよりはほとんど個人が天空界に向けて延長している部分、に等しいのである。個人は、誕生から死後にいたるまで、この守護者のもとにおかれているからである。(2)

このような自己のとらえ方は、近代人のそれと比べると、何という広がりをもっていることだろう。そしてこのような個人のとらえ方は、当面はキリスト教のもとにおいても、守護の天使として受け継がれていった。とくに三世紀頃の偉大な人物は、目に見えない守護者と特別に親密な関係を保つことができる、と信じられていた。しかし一般の信者でも、このような関係をもつことはできたのである。さらに特筆しておかなければならないのは、従来、ローマ人のもとでは性的快楽は肯定されており、ローマの風俗に関して、さまざまな指摘がなされている点である。ピーター・ブラウンは、しかし古代ローマ人のもとでも、性的禁欲を守り、精液を射精しない方が男らしい男であるという考え方が一般的であった、と指摘している。男らしさ virile とは、体内に熱をもっていることであり、精液の熱さがその印であり、熱を失うとき、女に近くなってしまう、とされていたのである。(3)

ところがキリスト教の受容は、もっと身近なところで、大きな変化をもたらしたのである。私たちは、人格や個人のあり方を考えるときに、抽象的、あるいは形而上学的に語るばあいが多い。しかし現実の個人や人格のあり方は、人と人の関係の中で現われるのであって、対人関係を抜きにして、個人や人格を語ることはできないのである。対人関係、と一口にいっても、それは個人によってさまざまであるから、ここではまず男女関係についてみることから始めてみてもよいだろう。男女の関係こそは、人間と人間の関係の基礎であり、個人や人格の問題も、そこからはじめて考察しなければならないのである。それと同時に、個人や人格について抽象的に語るのでなく、具体的に語らねばならないとするなら、人間の肉体と人格の関係についても語らねばならないであろう。このような点に留意しながら、再び古代末期の世界を見ることにしよう。

古代末期の人間にとって、肉体は、人間を神と動物のいずれにも結びつけている、存在するものの大いなる連鎖の中で適切な位置をもっている、と考えられていた。肉体を生みながら再びそれを引き取る鈍重な大地でさえ、中立的なものではなかった。それは新しい生命で永遠に波だっている神々しい、壮大な存在であった。二世紀の文献に出てくる人間は、また、古代末期の多神教の変動常ならぬ宇宙、に属していた。彼らは、自分たちが神の企みによって動物の世界に結びつけられていることを知っていた。季節毎の愛の行為の結果、毎年新しく生まれる子羊であふれている丘や、穀物の豊かに実った穂に春の風がそよぐとき、収穫を豊かに実らせるのと同じ衝動が、自分自身の肉体の中でも脈打っていることを知っていた。彼らの上にも、同じ火がチカチカ光る星の中でまたたいていたのである。彼らの肉体と性衝動は、無限の宇宙の揺るぐことのない永遠性の中に直接に根ざしており、それを通して神が豊かな働きをみせるのである。彼らにとって性とは、人間と家畜とチカチカ瞬《また》く星々とを結びつけている、宇宙的エネルギーなのである(4)。

しかし人間の社会は動物の社会とは異なっている。人間が作り上げた都市は、動物の世界に対立するものであり、ひとたび建設されると都市の要求は容赦《ようしゃ》のないものであった。人間の肉体が、自然の世界と組織された都市社会の中で、どの程度の結びつきをもつことができるかを、家族と都市が決定したのである。たとえば、生まれた子が直ちに人格をもつわけではなかった。父親が抱き上げなければ、市民として認められなかったのである(5)。

性的衝動についても同じことがいえた。若い男性の性的衝動は、それが不義《ふぎ》密通《みつつう》などによって他人の家に被害を加えたり、他人の生活を脅《おびや》かしたりするのでないかぎり、問題のないものとして寛容に扱われた。しかしやがて、都市の要請が青年の耳にも届く頃には、青春の遊びからはなれて、家の仕事や国家に対する奉仕に赴くことになるのである。若い女性も同様であったが、女性のばあいは、処女を失うことは将来に不幸をもたらす、とみられており、母親が厳重に監督していた。

ところで、このような人間と肉体の関係は、キリスト教の普及ののち決定的に変わっていった。しかしその変化をただキリスト教の台頭《たいとう》の結果、とみるだけでは十分でない、とピーター・ブラウンはいうのである。「それほど抑圧的でない社会から、より抑圧的な社会への移行に関して、ローマ世界におけるキリスト教の台頭についてだけ語るのでは、十分でない。問題は、肉体の見方そのものが微妙に変わっている点である。古代末期の男も女も、さまざまな一連の禁令に拘束されるようになっただけではなかった。彼らは自分たちの肉体を、前とは異なった光の下でみるようになったのである」(6)。それは具体的にはどのようなことなのだろうか。キリストの受肉によって神が人間の肉体をも変化しうるものとした点である。異教の思想のもとでは、人間は自分の肉体を制御《せいぎょ》しえないものと感じていたし、肉体の願望も変わることがないと見なし、そうした前提の上で社会全体が安定していたのであるが、それらの環境は古代的な絆《きずな》から解き放たれたのである。

この変化は、キリスト教徒にとって、どのようなものとして受けとめられていたのだろうか。二世紀のキリスト教徒たちが抱いていた難問は、イレナエウスによると、「主は地上に降臨《こうりん》されたとき、どんな新しいことをもたらしたのか」、という問いであった。テルトゥリアヌスの答えは明瞭であった。「一つの力強い行為だけで主には十分である。人間の人格に自由を与えることである」。つまりキリストの降臨は、この現代という時代に終わりをもたらしたのであり、キリスト教徒の務めは主の勝利を明らかにし、現代の支配者の権力の崩壊を早めることにある。現代は悪魔的な暴君の圧倒的な支配の下にあり、人間も宇宙も皆それに服従させられている。キリストが死に打ち勝ったことによって、悪魔の地上における支配の圧倒的な流れは、逆転されたのである。そこで、このような巨大な悪の力に捕えられている人間に自由をもたらした内的な変化を、どこで、外面から目に見えるようにはっきりと位置づけることができるのか、という問いが生ずる。テルトゥリアヌスはこの問いに対して、次のように答えている。現代は見通すにはあまりに巨大である。顔をもたない現代のエネルギーは、一般の人間には危険なほど明らかである。その暴力のすべての支流を辿《たど》るにはあまりに複雑である。しかしその巨大な流れの一部は、性的衝動とその明白な結果、つまり出産と死との終わりのない循環に象徴されている。……したがって性交を放棄することは、人間の中に埋め込まれているスイッチを投げ出すことを意味しており、そのスイッチを放棄することによって現代の生活の邪悪な永久運動を支えている流れを止めることができる、と信じられていたのである。(7)

古代都市は現世の悪を体現する存在とみなされていたが、その都市を支えていたのはまさに絶えず再生産されてゆく人口であり、人口再生産の連鎖を絶つことによって古代都市の運命に決定的な打撃が与えられる、というのである。これは壮絶な思想といえよう。このような思想に人々はどのように対応したのか。ブラウンの説明を聞こう。

「二世紀以降、おそらくはあまり記録のないそれ以前から、東地中海から近東、イランにいたるまでの地域に散在していたキリスト教徒の小共同体に属する男女は、独身を通すことsinglenessによって、また結婚から遠ざかろうと努力することによって、さし迫ったこの世の終末を自分の耳で聴きとろうとしていた。キリストが降臨したのはまさにそのためであり、我々を過ちから救い、生殖器を使用することからわれわれを解放してくれるためなのである、と主張していた。サロメが主に、『死はいつまで人間を支配しつづけるのでしょうか』と問うたとき、主は『汝らの女が子どもを生んでいる間である』と答えられた。彼らによると、救世主御自身がこういわれたという。『私が来たのは女の仕事をなくすためである。この女とは性的欲望のことであり、仕事とは出産と死による腐敗である』(8)。

このような主張は、伝統的な家族生活を送っていた者にはきわめて異質で、なじみにくいものであった。二世紀中頃までは、キリスト教徒は、家族と結婚を通して、信者を増加させていたからである。結婚を放棄することは、家族に基礎をおいていた教会の核を侵すことになったのである。

禁欲派 Encratites と呼ばれる一派は、キリスト教会は厳密な意味で禁欲を守る男女によって構成されねばならない、と説いていた。性交をやめるだけでなく、肉食を絶ち、ワインをも絶つという厳しい戒律を自らに課していた。肉食は人間を野獣に等しいものとするからであり、ワインは神経に温かさを与え、心を和らげ、欲望を呼び覚まさせ、淫行《いんこう》に走らせることになるからである。彼らにとってアダムとイヴは、はじめ神に創造された時、すでに聖なる存在であり、神の霊を持ち、動物ではなかった。ところが人間は、ひとたび神から霊を与えられながら、神の霊にかなう形の結婚を放棄し、神が望んだのとは異なった形で相互の肉体を結びあうようになった。それ以後人間は、動物と同じように死すべき運命となったのである。[9]このような考え方に立てば、古代の、人間と自然とが連続しているという考え方は捨てられ、それとともに、人間社会が自然の衝動から有機的に成長してくる、という考え方も捨てられることになった。

もちろん、このような極端な考え方に対して、日常の家事が大切である、と考える人びともいた。アレキサンドリアのクレメンスにとっては、人間の弱い肉体は死によって消えてしまう。それゆえに出産によって日々新たにされなければならないのであって、これがないと主の世界は存続しなくなるであろう。「肉体なくしてどうして教会における神の計画が実現しうるのか」[10]、と問うている。それゆえに結婚生活における夫婦の性交は、神を讃えるために極めてストイックに営まれなければならず、子供を生むためにのみ行われるべきもの、となる。このようにして秩序正しく営まれる性交は決して動物的なものではない、というのである。しかもこのような結婚生活における性交のあり方は、キリスト教以前にすでにストア派が説いているのであって、子供をつくるため以外の性交を認めない、という考え方もすでにストア派のなかにあったのである。[11]

しかしながらこの頃、若いキリスト教徒の青年で自ら去勢《きょせい》する者たちの数は増加していた。それはまさに日常的な手術になった、といわれている。[12]ギリシアの神学者オリゲネスにとって、人間の性は単なる通過点にすぎず、人間の精神を定義するばあいに何の役割も果たさない。男も女も性関係なしに生きてゆけるのであり、性的特質を与えられた人間の肉体は、夜明けとともに終わる前の長い夜のようなものだ、というのである。

オリゲネスにとって、性を拒否することは、単に性的衝動を抑圧することではなかった。それはキリスト教徒の男女を性に縛りつけている通常の社会的、肉体的制約を取り払うために、自己のなかに深く根をおろしている自分の根源、つまり基本的自由を主張することを意味していたのである。[13] このように主張するオリゲネスは、人間のすべての関係から肉体にもとづく関係が消えてしまう時代がやってくることを信じていたのである。

オリゲネスのこのような主張にはそれなりの背景があった。それは新しい状況にあった、といわれている。キリスト教の歴史のなかで初めてキリスト教は若者の宗教となったからである。もはやキリスト教の家長は、子供たちに密通を行わせないために、幼い頃から結婚させようとはしなくなっていた。少女を中心として多くの子供たちが、結婚しないで一生を送ることを決意していたからである。キリスト教徒の家族は、子供たちをユダヤ人や異教徒あるいは異端などと結婚させようとはしなかったから、その結果、どのキリスト教共同体にも結婚できない娘たちが増えていた。[14] こうした事態の背景にはさらにまた迫害と殉教《じゅんきょう》があった。彼らは日々、死に直面していたのである。この頃のキリスト教徒がまず第一に学ばなければならなかったのは、死と肉体的苦痛であって、性的誘惑などというばくぜんとした苦しみではなかったのである。[15]

このような状況は、地中海全域で変わらなかったが、それに対するキリスト教徒の対応には違いがあった。ピーター・ブラウンは、カルタゴから東地中海に入ると、そこは全く別の世界であった、と述べている。シリアはまた変動常ならぬ土地ともいうべきところであった。アンティオキアとチグリスの間に、急進的なキリスト教徒の独特なグループが生まれていた。それは、さし迫っていると考えられていたこの世の終末への期待に促されたものであったことは明らかである。紀元二〇〇年頃、ある司祭は、村の住民全員を連れて、主の再降《さいこう》臨《りん》を見るために山に登った、といわれている。私たちは、この時代を考えるとき、この司祭に従っていった人びとの心の底を追体験することからはじめなければならないだろう。

これらの地域には、遍歴説教師《へんれきせっきょうし》ともいうべき人々が行き来していた。彼らの言動には非のうちどころがなく、自らの肉体にイエス・キリストを体現するもの、として登場した。性的関係を結ぶことなく、何処にも根をはらない彼らの生き方は、イエスの再来とうけとめられ、職を失った多くの人びとが彼らのあとをついて歩いた。彼らは歌を唱い、詩編を読みながら、シリアの道路を歩いていた、という。もし村にキリスト教徒が誰もいないときには一言もしゃべらず、旅芸人を装っていた、という。(16) 遍歴説教師たちによって結ばれたシリアのキリスト教徒と、その他の地域では、性的禁欲のあり方もそれぞれ異なっていた。しかし紀元三〇〇年頃には、キリスト教の禁欲主義は一生性的関係を結ぶことを放棄する極端なばあいも含めて多様な形をとっていたが、キリスト教世界全域に広がっていたという。性関係を放棄する形式はまことに多様であった。その違いが地域の教会内部の生活の違いをなしていたのである。

ラテン西欧世界では、性的禁欲を守る慣習は、カトリック教会の聖職者が中心となる傾向にあった。儀式によって永久に性的関係を放棄した聖なる聖職者、と彼らは定義されていた。三〇〇年頃にスペイン南部のエルヴィラで開かれた会議で、司教、司祭、助祭などの聖職者のすべては、妻ももたず、息子もつくらないことを定めている。ピーター・ブラウンは、二世紀から三世紀にかけて起こった変革のなかに、ヨーロッパと近東の宗教の将来の発展を決定することになる静かな革命のひとつとして、キリスト教会内部で聖職者と俗人の区別が生じたこと、そしてユダヤ教のなかでラビの支配がおこったこと、をあげている。[17]

小アジアにおいては、キリスト教徒の禁欲を守った小グループがあった。小アジアからシリア北部にかけて、禁欲主義 Encratites の村が散在していた。それらの村では、都市で布教する司祭の目をのがれて、独身を守っている人びとの小集団があった。とくに未亡人たちや寡夫《かふ》は、肉食やワインを絶ち、衣服のスタイルにも多くのタブーを課し、禁欲生活を送っていた。

メソポタミア山地では、禁欲の誓いを結んだ若者と娘たちが教会の中心であり、そしてエジプトには洞窟《どうくつ》の修行者たちがいた。砂漠では、キリスト教徒がそこから解き放たるべき、そびえたつ現世という存在に、明確な境界線を引いて、自ら隔絶したのである。ひとつの地域から他の地域への移動によって、つまりエジプトの定住地から砂漠への移動が、世界からの離脱の経過を示していた。[18] 砂漠はカウンターワールドであり、そこには世俗に代る別な町が成立しつつあった。砂漠は人間の食糧のない地域であって、人間の住まない地域である。この意味で砂漠の禁欲者たちの厳しい戦いは、性欲との戦いというよりは、食物をめぐる戦いであった。厳しい労働によって得られる食糧のため、苦行者たちは飢えている人間の弱さをともに体験したのである。性的欲望よりも飢えとの戦いの方が、はるかに厳しいものだったからである。

砂漠の縁にしがみついている人間に絶えずおそいかかってくる、この上なく恐ろしい誘惑は、人間性を忘却することであった。飢えのため、規則正しい祈りと徹夜の規律をやめてしまうとき、修行者たちは、心をもたない野獣のように自分を感じるのであった。それは adiaphoria と呼ばれる状態で、そこでは人間と砂漠、人間と野獣の境界が心を凍《こお》らせるほど曖昧《あいまい》になってくるのである。このような状態こそ、砂漠の修行者が最も恐れ、屈辱的と感じた状態なのであって、性の誘惑ではなかったのである。[19] ここには、自分の中の自然と戦う修行者の姿がよく示されている。

ナイル渓谷に沿った砂漠に住み、定住地を視野の内に収めながら、四世紀のエジプトの修道士たちは、飢えている状態と市場に依存しなければならないという状態に対する永遠の挑戦者、として立っていた。それは、勤勉だが常に飢えている近東の世界を象徴していた。彼らが砂漠で生き延び、修行を全うするためには、指導者が必要であった。霊的な指導者に学ぶことによって、修行者は、自分自身の心 heart を理解し、他人にそれを開いてみせることができるようになるのである。「心とは肉体と魂の接点であり、無意識な層と意識、そして意識を越えるものとの接点であり、人間と神との接点でもある」[20]。ここでは、オリゲネスのような都市型の研究者集団ではなく、自分の心を書物として読み解こうとする修道士が現われ、いわば砂漠は新しい人間の文化の中心となっていった。

性的欲望は、そこでは、これまでとは異なった位置をもつことになった。性的幻想が常に鋭く意識されている状態が問題となったのである。それが持続的であることが明らかになったので、性的欲望は人間の本質と共存しうるものと見なされた。自己が性的存在であって、永久に性的欲望に従わされ、夢の中でさえ性的幻想に悩まされる者であることが明らかになったとき、人間の人格の中の手に負えないものの領域が明らかになったのである。しかもその手に負えなさは、肉体的なものだけではなかった。それはまさに魂の奥深くを指し示していたのである。性的欲望は、堕落した人間の心の奥底に、ある克服しがたい私的領域の結び目を明らかにしたのである。こうして砂漠の新しい言葉では、性はいわば開かれていない心のしるし、となったのである。このような修道士の性についての思いは、禁欲的修道士の集団のなかで注目されていた。なぜなら霊的指導の目的は、弟子の内面世界を全面的に解体させることであったからである。内面世界を裏返しにして、明らかにしなければならなかった。[21]

砂漠のなかで修道士たちが行った修行には、興味深い点が多い。たとえば四～五世紀のナイル河上流のパコミウスの修道院では、ホモセクシュアルな関係が生ずるのを避けるために、個々の修道士は一人ずつ別れて暮らしたが、それだけではなく、エジプトの村人たちの家族的な雰囲気を否定するために、若い修道士たちは互いに他人となることを学ばねばならなかったのである。自分たちが出てきた村のなかの人びとのぬくもりをいまだ身につけていた少年たちにとっては、修道院内部で修道士仲間を父や息子と呼び、互いに親しい関係が生ずることは極めて自然なことであった。そうした事態を防ぐために若い修道士たちは常に互いの身体の間に一キュービット（約四五～五五センチメートル）の距離をおいて暮らさねばならなかったのである。[22]

このような禁欲や節制は、必ずしも修道院内部で行われていただけではなかった。もちろん結婚しているものはキリストの完全なる道を選ぶことはできなかった。しかし彼らも世俗の人間として、戒律に従って生きていたのであり、そのうえ砂漠の修道士たちと世俗の人間との間にさまざまな信心深い営みが行われていた。一年の特定の時に、キリスト教徒の家はいわば小さな修道院となった、といわれる。[23]教会の祭りでは、豊かな家長は、砂漠の英雄たちが実践しているすべての財産の放棄を小規模な形で経験することになっていた。貧民に財産の一部を分け与えたのである。四旬節《しじゅんせつ》には、俗人も食事を制限して、アダムの犯した罪の結果を長期にわたる飢えで償っている修道士たちの実践を、自ら体験するのである。性的欲望を節制する時期には、自ら実践し、砂漠の自由な空気を少しは吸い込むのである。

俗人の間での性的倫理は、基本的には不義密通をしないことであったが、夫婦の間の性行為は、土曜、日曜、水曜、金曜と四旬節の四〇日間と聖餐《せいさん》をうける他の祭日の前日には禁じられていた(24)。

エジプトだけでなく、キリスト教世界の全域、とくに東地中海において、四～五世紀の間に、性的規範は厳しくなっていった。しかしながらピーター・ブラウンは、この動きはキリスト教の禁欲主義とはそれほど関係はないという。たとえば四世紀には、古代エジプト以来の伝統であった兄弟姉妹間の結婚は、もはや見られなくなった。インセストの禁止は、エジプトにおいてはローマ法の強制によるものであって、異教徒の皇帝ディオクレティアヌスの時に頂点を迎えていた。キリスト教徒の聖職者の仕事は、それによって容易になった面はあるだろうが、自らその動きを進めたわけではないというのである。砂漠の修行者たちのばあいも、キリスト教徒にとっては、性的規範は上から権力によって与えられたものではなく、自ら選んだものであった。

ここで再びピーター・ブラウンの書物の冒頭に戻ってみよう。「すべての人間は、大いなる神の前に他者として、劣った者として立っている。肉体と魂がともに神の前に立つ。神がその両者を創造し、裁くのである。全ての信者は、異質なものとしての肉体に秩序を与えるという、必要ではあるが割のあわない仕事をする魂としてではなく、〝心〟の持ち主として、つまり創造者の意志に応えたり、背いたりしうる自分の隠れた心の持ち主として、神に直面するのである」[25]。このことは完全なる心の宗教的理想として、すべての信者は、「一つ心にて歩む」walk in singleness of heart をこそ学ばねばならない、と説かれている。それは普通の人間の道徳的地平を示すもので、温かい社会的理想であった、という。隣人や縁者に対して心乱れることなく直截《ちょくせつ》に振舞い、心から縁者や隣人に忠実に振舞うことを意味している。「一つ心にて歩む」ことは、本来は男性の特性であった。男同士の間の高貴な忠実さを確かなものにするために、エッセネ派は女性と奴隷の所有を放棄した、とフィロンは述べている[26]。結婚しているものは自分の妻をどのようにして喜ばせることができるか、といった世俗の関心事で頭を悩ませている。こうして心は分断されてしまうのである。

このような主張を基調音として、初期キリスト教会は展開してきた。以上でその一部だけはみてきたようなさまざまな運動が広がり、初期キリスト教社会は、世界史上稀にみる創造的な時代を迎えていた。初期キリスト教が極めて創造的であったのは、初期キリスト教を構成するメンバーの間の意見が、極めて多彩で互いに対立していたためである、とピーター・ブラウンはいっている[27]。この時期の特徴は、ごく少数の選ばれた者だけが禁欲を守ったのではなく、ごく平凡な村の住民や若い男女が、自ら禁欲の生活を実践しようとした点にある。

主の再臨の期待に燃え、殉教の恐怖にさらされていたとはいえ、それは極めて異常な事態である。

人間と人間の関係のなかで、男と女の関係が最も親密なものであろう。この親密な関係を肉の面で棄てることによって得られるもの、それが「一つ心」であった。自分の肉体の奥底にある「真の自分」を発見し、絶対者である神に直面しようとする態度である。ここには冒頭でのべた、ペルソナのキリスト教的理解が明確な形で示されているように見えるのである。三位一体の神を構成する三つのペルソナに対して、ひとつのペルソナである人間が、自己のペルソナを発見することによって応えようとしているのであり、絶対者と人間の個とが直面する構図があり、近代のヨーロッパ哲学における人格の概念につらなってゆくものをみることができるのである。

このような生き方の模範となるべき人は、この時代には数多く存在していた。ピーター・ブラウンの案内によって、二世紀から三世紀頃までの地中海世界に遡ってみると、グレーヴィッチが示した個人と人格の問題の枠組みは、すべてこの時代に生まれているようにさえ思われるのである。もとよりそれは、近代社会における個人と人格のあり方とは対極的なものである。十七歳にして父親の殉教を目の当たりにした少年が、自ら去勢し、教会の指導者となってゆく、ということは不幸な時代の出来事といえるであろう。しかし初期キリスト教会の信者たちは、自らこのような選択をしたのであり、父や母、兄弟、姉妹、親戚や隣人との関係を考えるなかで、選択していったのである。この時代の初期キリスト教会の運動に参加していった人びとは、ある意味で極めて個性的である。私には古代末期の人格や個性について語る資格はないが、少なくともピーター・ブラウンの描く地中海世界は、このようなものであった。

キリスト教がそののちもヨーロッパ世界で大きな力を振うことになる出発点は、この時期のこの地域にあったことが解るであろう。人間にとって最も親しい男女の関係を放棄し、絶対者を直視しようとして、「一つ心にて歩もう」とした人々が、その力で、当時の社会を変革したのである。この時代の人格や個人のあり方も、まさにそこに特徴をもっている。彼らが「一つ心」を求めるとき、それは絶対者としての神との合一を目指すものであったから、自己の外に絶対的な権威をおいた個性なのであり、個性は最終的には絶対者の中に吸収されるべきものなのである。現われ方としては極めて個性的に見えるが、この時期の個人や人格の前提に神との関係があり、それは宇宙との関係の中で個人を位置づけていた古代人の宇宙論とつながるものであった、ともいえよう。その限りで、初期キリスト教会の個人や人格は、極めて魅力的ではあるが、近代の個人の対極にあるものであった。

キリスト教はそれ以後、このときのようなエネルギーをもつことはなかった。中世におけるキリスト教会の力は、死後の世界に対する恐怖で人々を脅《おびや》かしながら、自らは土地領主として国家と結び、世俗的権力として勢力を拡大していったからである。しかしこの初期キリスト教時代のキリスト教徒たちは、何の権威も力も持ってはいなかった。彼らは世俗的な現世の喜びを放棄することによって、自己を発見し、そのことを通じて、ローマ社会に大きな変革をもたらしたのである。禁欲という言葉は不適切であって、欲を抑えるというよりは、ある目的のために全身を捧げる中で心からの喜びをもって欲望を克服すること、をいう。それを実現したことが、キリスト教の大きなエネルギーであった。

いわば彼らは、人間が自分を変えることができることを証明し、死にも打ち勝ちうることを示したのである。人間の中にある動物的なもの（自然）を拒否し、霊的な存在にまで自分たちを高めようとしたのである。このような人間が、一人や二人いても不思議ではない。しかしそのような態度が一般の人々の中にも広まり、大きな運動となっていったところに、この時代の特徴があった。自分を変えることができることを信ずる人々の力は大きなものである。キリスト教会がその優れた教義を全世界に広めることができたのは、初期キリスト教時代の人々のこうした純粋なエネルギーによるところが決定的であったのである。私たちは、日本の歴史の中に、そのような事例を知らない。個別的な禁欲主義者はいたであろう。しかし数多くの人間が、結婚を拒否し、自ら去勢し、世界の最後の日を待ち受けている状況は、この国にはなかったのである。それはこの国の住民にとっては幸福なことであったかもしれない。キリスト教徒たちが生み出したエネルギーは、その後も世界を規定しつづけたが、それは必ずしも初期キリスト教会の人々が選んだ方法によって、ではなかった。キリスト教徒は、人間と動物の間に大きな線を引いた。しかしそのことによって、世界史上、人間の傲慢さがどれほど助長《じょちょう》されることになったかは、別の大きな問題である。また私たちは、このような努力によって達成された偉業を評価しつつも、何故そのような道しかなかったのか、をあらためて問いたくなるのである。

四　サガの世界——ステブリン・カーメンスキーの問題提起

第三節のはじめに私たちは、グレーヴィッチの研究のなかで、ゲルマン部族社会における個人の位置について言及が不足していることを指摘しておいた。本節においては、この問題に目を向けてみたい。中世以降のヨーロッパ社会は、ギリシア・ローマ社会からうけついだものの他に、北方スカンディナヴィア半島、ケルトそしてゲルマンへと受け継がれてきたものによって構成されているからである。この点についても、私たちはすでにいくつかの注目すべき研究を知っている。とりわけ個性の問題については、ステブリン・カーメンスキーの一連の研究がある。まずそのひとつをみることにしよう。

カーメンスキーは『サガの心』(1)のなかの第三章「人間の個性の限界はどこにあるのか」においで、極めて興味深い指摘をしている。第一章では「真理とはなにか」と題して、ファミリー・サガ（サガ Saga はアイスランド語で「物語」の意）における真理のあり方が近代人がうけとめるそれとは異なることを明確に説いている。それをうけて、著者という観念も言葉もないサガの世界において、個人の人格はどのように構成されているのか、が問題になるのである。

重要な部分だけをみてゆこう。「ファミリー・サガにおいて、一人の人間が示されるとき、その人物を直接に描写することによってではなく、その人物が他の人々と結んでいる関係を通して描かれるのである。実際サガで描かれているのは、個々の人物ではなく、平和を破ったとか、私闘《しとう》やその原因、経過と結果などの――人びとの間の、ある種の関係なのである。どんな形にせよ、私闘が行われず、衝突もなく、殺人も戦闘も訴訟もなければ、サガの話はなりたたない。個人の内面世界が描かれるということは全くない。ある人間が自分一人になってしまう、ということはないのだ。決して独白することもなく、自分の経験を分析することもなく、それを語ることもない。その人物の縁者が、私闘のなかで他の人間とかかわる時にしか、彼は描かれないのである(2)」。

ここで述べられていることは、私たちにとっても関係がないわけではない。一人の人間を描写するのに、どこから描こうとするか、という点が問題になるとすると、日常的な生活圏においては、本人よりもまずその家や出身大学や収入などの、本人の性格を判断するうえで本質的とはいえない事柄が先に問題となるばあいもある。しかしここでは、それよりももっと古い形の個人のあり方、が示されている。「個々の人間の個性は、人びとの心のなかで

は、それほど明確ではないのである」、といわれている。(3)

しかしながらそれにもかかわらず、ファミリー・サガには七千人に及ぶ人間の名前が登場するのである。個々の人間に関心がもしないとすれば、何故これほどの多くの名前が現われるのか、不思議なほどである。「しばしばある名前の持ち主について、ニックネームや出身地、家など以外に何も報告されていないばあいもある」(4)。このように膨大な名前が登場する例は、サガだけでなく、旧約聖書や、わが国のばあいは『愚管抄《ぐかんしょう》』の皇帝年代記などにもみられる。それぞれの名前の特徴について何の説明もないのは、その人物と他の人物との関係や私闘以外にその人物の特質や個性を描写する能力が当時の人間になかったからだ、ともいえるかもしれないが、そこには別な理由もある。

カーメンスキーは、現代人にとって名前はひとつの札あるいは記号にすぎない、という。もちろん、わが国のばあいは名前にいまだ古代的な期待がこめられているために、新生児の命名に当たって親はいろいろ苦労して慎重になる。私の知人で、娘の名前に郵便通帳にあった平仮名の三文字をつけた人がいたが（これは名前としては大変よい響きをもっている）、周囲の人々は非難したものである。今でも紘一などという名前をみると、年齢までかなり見当がついてしまうほどである。シェイクスピアも「ロミオとジュリエット」のなかで、「モンタギューが何だと言うの？　手でもない、足でもない、腕でも顔でもない、生れ附き人の身に備わっているようなものとは違う。名前に何があると言うの？」（福田恆存訳）、といわせている。現実には札や記号になってしまっているにしても、現代でも名前によってその個人の内的特質を示したり、生み出したりするという期待が全くなくなってしまったわけではない。しかし一般的にいえば、現代では名前はその人間を他の人間から区別するための記号に他ならない。

しかし、ファミリー・サガがつくられた頃の社会における名前は、その人物と内的に何の関係もない記号、ではなかった。サガに出てくる名前が当時の人々によく知られていた親しい人物のものだからというわけでもなく、むしろ名前とその持ち主との結びつきが、一般的にいって、より緊密であったためと考えられている。サガの時代のすべての固有名詞は、常に特定の対象を体現するものであって、どの固有名詞にも特定の人間が潜在しているもの、とされていた。たとえその人間について極めて一般的なこと以外何も解っていないにしても、そうだったのである。固有名詞と普通名詞の区別がさだかではなかったし、近代語におけるばあいと全く異なっていた(5)。

サガに登場する数え切れないほどの人名は、近代人には意味のない名前の連鎖のように見えるかもしれないが、それらの名前はそれぞれが何らかの重要な意味を伝えるためのものであった、とも考えられるのである。ある人物が登場するばあい、間違いなくその人物の名前があげられているのであって、たとえその人物が果たした役割がたいして重要でないばあいでも、その名前が登場しなければならないのである。サガには「ある男」といった不特定な指名の仕方は極めて稀にしかみられない、という。名前が人間の個性の一部なのであった。サガにおける個々の人間は、こうして私闘や争いなどの人間の関係のなかに位置を占めているかぎりで、名前があげられ、個人の位置はそれらの人間関係のなかで、はじめて明らかになったのである。北欧の神話および英雄伝説の集成エッダ Edda の分析によっても、またサガを検討しても、個人や人格の問題については、以上のような結果しか得られていない。サガにおける男女関係については、私は十分に調べてはいない。プレーベン・サーンセンの『男らしくない男』(6)には、性的中傷《ちゅうしょう》が取り上げられているが、男女関係のあり方については機会を改めて調べてみたいと考えている。ところで、サガそのものの成立をめぐる議論のなかに、個性の問題が潜んでいるのである。

カーメンスキーは本書において扱っているのと同様のテーマを、別の書物『神話学入門』(7)においても、扱っている。そこでも「神話と個性の形成」という章において、注目すべき視点を示している。そこでは文学的、スカールド詩的、叙事詩的、昔話的、神話的という五つのジャンルの作者について論じながら、個性の形成に注目している。現代文学における作者像は明瞭であるかに見えるが、それはカーメンスキーによれば、何万年もつづいた発展の結果生まれたものだという。現代文学における作者像とは、「自己を自らの作品の創作者として認識し、自己の作品を自己の産物として認識する」(8)作者のことである。この作者像は徐々に形成されたものであって、中世では周知の通り、独創への志向はなく、題材もしばしば借用されていた。「個と個人の崇拝を基本的特徴としていたロマン主義の時代において、初めて現代的意味における文学の作者像が完全に形成されたのだ」[9]という。

もっと古い形の作者は、内容よりも形式の創作者として、自分を位置づけている。いわば内容とは無縁のものとして、形式が発展するばあいがある。この作者にとって、内容が形式よりも重要ではないからではない。むしろ、内容が形式よりも重要であるがゆえに、内容に手をつけることができないのである。[10]このタイプの作者として、スカールド詩人があげられている。九世紀前半に最古の詩がのこっているスカールド詩のばあい、形式主義とは、形式の変更が許される枠があまりに狭かったために、本質的には伝統にそのまま従う結果となった、という。しかし、形式が与えられた内容を伝達するための暗号あるいはコードとしての機能と化すことによって、むしろ内容のほうが主導的な位置をもつことが保証される、というのである。

叙事詩的作者のばあいは、起こった出来事を自分の物語の中で描くとき、自分が知らないうちに創造的改作を行っていることに気付いていないために、自分を作者として認識していない点に特徴がある。口頭伝承として伝えられてゆくうちに、意識していない作者が、作品の中でますます大きな層をなしてゆくのである。それにもかかわらずその作品が真実と見なされるのは、歴史的真実 historical truth と芸術的真理 artistic truth との有機的結合として、いわば混合的真理 syncretic truth とでもいうべきものがあり、それは、ある事件の目撃者の証言の例を見ればすぐに解ることとである。ある事件を目撃した人が他人にその事件について語るとき、本人は真実を語っているつもりであっても、そこには語る人の視点や考え方が反映されざるを得ないから、それは歴史的真理ではありえず、混合的真理 syncretic truth たらざるを得ないのである。[11]

昔話タイプのばあいには、一方で作品が作られたこと、すなわちそれが虚構で空想であることを暗示し、他方ではその作品が誰かによって作られたという認識が全く欠けている、という特徴があるという。このばあい、叙事詩的作者と比べてみると、昔話の作者は作者という点で二つの異なった発展の道のなかにあり、作者の発展における古い分岐の結果であるという。

作者の発展のもっとも古い段階として、作者が意識されていないことと虚構が意識されていないことが結びついている状態、が指摘されている。そしてそこから五つのタイプの作者が発展してくる、ということは、本質的には個人の自己認識の発展、すなわちまさしく個性の形成における重要な段階なのだ、という。「最初人間は、自らが生み出した言語作品の創造者として自己を認めないばかりか、彼が作り出したこと、即ちその作品の内容が自己によって作り出されたのであって客観的現実ではないということも認めない（神話の作者）。主体と客体との境界は極めて不鮮明である」[12]。カーメンスキーの議論はさらに霊魂と意識の関係について、そしてロマン主義のもとにおける個性の形成へ、と向かうのであるが、われわれはそこまで追う必要はないであろう。

ファミリー・サガにあらわれている個人は、第三節でみた地中海世界のキリスト教徒のばあいとは決定的に異なるものであった。ファミリー・サガにおける個人が、集団的個人と呼ぶことができるとすれば、地中海世界の初期キリスト教徒たちは、集団を形成しようとする個人であった。しかしそれは、近代的な個人が集団を形成しようとするばあいとは、全く異なっている。近代の個人は、おのれのなかに永遠の存在を感じとることはできない。むしろ他人との関係や社会的紐帯《ちゆうたい》、あるいは家庭のなかに自分の存在の意義を見いだそうとしているにすぎない。しかるに初期キリスト教会の信者たちは、古代の伝統をふまえながら、そこから一歩踏み出した。古代の伝統とは、個人がいくつもの層からなりたっていて、自己の最上層は星辰のなかに位置をもっている、という壮大なものであった。キリスト教徒たちは、それとは別な構図のなかではあったが、同様に全宇宙を体現する神の前に自分の心を開こうとした。心を開こうとするということは、自己の外面と内面の違いに気付いていた、ということである。その点で、地中海沿岸の初期キリスト教徒たちは、北方スカンディナヴィアの住民よりも早い時期に、個の自覚をもたざるをえなかった、ともいえるのである。

作者論 authorship は、カーメンスキーの極めてすぐれた業績といえるが、このような視点で古代末期の教父たちの作品について分析してみると、どうなるであろうか。歴史的真理、あるいは絶対的真理と信じている事柄について、解っているかぎりで syncretic truth と呼ばれるような部分をもっているともいえるが、オリゲネスの『ケルススへの反論』のような論争の書を、このようなジャンルに分けることはできない。文学作品を五つのジャンルに分けるとこうなる、ということなのであって、人間の書いたものすべてについて、この議論があてはまるとはいえないであろう。

こうして、この問題について異常な進展をみせた古代末期のキリスト教は、やがて中世社会にうけつがれ、中世社会を規定する教えとなってゆく。他方で集団的個人を中心とするサガの世界は、北方ゲルマンを通して、ヨーロッパ北・中部に大きな影響をのこし、この両者がヨーロッパ大陸で出会ったのである。次節においては、この二つの文化の出会いによって、中世社会における個人・人格の形成にどのような転換が訪れたか、をみようと思う。

五　十二世紀ルネサンスと告解《こっかい》

西欧における個人と人格の成立を概観する前に、十二世紀という時代がどのような時代であったか、を見ておこう。

かなり長い間、歴史学の通説においては、西欧における個人は十五世紀のイタリア・ルネサンスの中で生まれた、と考えられていた。たしかにルネサンス芸術においては、ミケランジェロそのほかの芸術家、思想の分野ではジョルダノ・ブルーノやエラスムスの作品や生き方は、新しい人間類型を示すものであった。しかしながら少し詳しく先行する時代を探ってみると、ルネサンスの精神は、十五世紀のイタリアに突然現われたのではなく、すでに十三世紀のチマブエやジョットーなどに新しい芸術の息吹《いぶき》がみられたし、思想の分野においてもアベラールやサン・ヴィクトールのフーゴのような人びとが、すでに十二世紀に新しい考え方を示していることが解るのである。ルネサンスの重要な指標の一つである人文主義フマニスムについても、すでにR・W・サザーンが示しているように、十二世紀に決定的な画期があったことは明らかなのである。この時代には、初期中世の聖職者たちのように間違いだらけのラテン語ではなく、流麗な筆致で自分の観察を描写するノジャンのギベールのような人びとが生まれていた。書簡の成立に関して疑問はのこるものの、アベラールとエロイーズの往復書簡もそのひとつといえよう。こうした意味で十二世紀を最初の近代人が生まれた時代、とみたボルガーのような学者もいるのである。

こうしてルネサンスは数世紀繰り上げられ、十二世紀ルネサンスという名がつけられることになった。十二世紀ルネサンスの中で、個人が成立するに至った事情は、何よりもまずこの時代にラテン語でものを書く人がこの言葉をまさに自分のものにしていた点にみることができる。初期中世の人々とちがって、この時代の作者たちはかなり高度な教育を身につけていた。トロワのクレチアンは聖堂参事会《せいどうさんじかい》学校で十分な教育を受け、ラテン語を学習したおかげで、オヴィディウスを読み、彼のロマンは洗練されたラテン語で書かれた。ラテン語を自分の言葉として使用できるようになって始めて、周囲の事物や自然の観察、自己の内面の表現も、可能になるからである。この頃にラテン語が再び活性化されたことは、ルネサンスの重要な要素であるフマニタスという言葉が復活したことにも示されている。フマニタスという言葉は、六〇〇年頃以後、人間が弱いものであることを示す消極的な意味でも用いられていたが、十二世紀には、シャルトルの司教イヴォがフマニタスを古典的な人間に対する愛、あるいは親切さという意味で捉え直したのである。(1) 人間性そのものが肯定的に捉えられるようになったのである。

十二世紀の人々がラテン語を自分の言葉として学んでいた、ということは、彼らにはそれが生きていくうえで必要だ、と考えられていたからに他ならない。この頃のヨーロッパは、大きな変動の中にあった。北方からのスカンディナヴィア人の侵入と略奪、南方からのイスラム教徒の進撃、東からのマジャール人の侵入を一応おさえたあとで、ヨーロッパ世界は自ら東に兵を進め、十字軍という困難な事業にとりかかっていた。他方でヨーロッパの中心部には都市が成立し、そこには新しい生活環境の中で、新しい人間関係が生まれつつあった。このような状況の中で、知的な指導者たちがよるべき教えは、キリスト教と古典しかなかったのである。ケルトやゲルマン諸部族にもそれぞれ伝統があったが、それらは慣習として伝えられたもので、文字になっていなかったのである。この時代の指導者たちは、古典時代のさまざまな作品の中から、当時の世界で生きて行く指針を得ようとしていた。しかしローマ時代の、家・都市国家・ローマ崇敬の伝統などを重視する姿勢は、十二世紀の人びととはかなり異なるものであった。そこで彼らは、ローマの末期に現われた、国家から解放されはじめた個人、に関心を寄せたのである。たとえばキケロの「義務について」と「老年について」は、十二世紀の人びとに最も読まれたものであったし、セネカの作品も同様であった。セネカは、「すべての国家は、いかなるときも、永続的で変わることのない一つの法の支配のもとにあるであろう」と語ったが、これは十二世紀の学者たちに絶大な影響を与えたのである。この他にボエティウスの「哲学の慰め」、カシアヌスやアウグスティヌス、アンブロシウスなどの作品が好んで読まれたが、そこには古典時代の影響とともに、言うまでもなく、キリスト教の影響も深くおよんでいた。しかしここで注目しなければならないのは、アベラールに至るまでは、この時代の人々は古典時代の作品とキリスト教の作品との間の大きなちがいに気づいてはいなかった、ということである。セネカとキリスト教とを隔てている距離は、明らかではなかったのである。彼らは、いずれにしても、現在の意味を明らかにしようとして、古典を読んでいたのである。

十二世紀以前のヨーロッパにおける個人のあり方を見るうえで、コリン・モリスの次のような指摘を無視することはできない。この時代のヨーロッパ文化の中心は、オットー諸帝の宮廷であり、彼らが支配していた教会だ、というのである。(2) ではこの頃の教会は、古代末期の教会とどのようにちがっていたのか。第三節でみたように、古代末期においては、キリスト教徒になるということは個人的な意志による決断であり、ローマ帝国の中で迫害されている人びとの群れに自ら入ることを意味していた。キリスト教徒の集団に入れば、そこでは皆が平等で、女性すら対等に扱われる親密な共同体の一員とみなされたのである。こうして地中海沿岸に、数多くのさまざまな考え方を持つキリスト教徒の共同体が成立し、このことが古代末期のキリスト教世界を活性化していたのである。しかし十世紀のヨーロッパにはこのような条件はなかった。すでに第三節で述べたように、聖なるものの位置がちがってしまい、キリスト教徒になるということは、個人的決断の問題ではなく、社会の大勢に順応することに他ならなかったのである。

　いわば教会は、古典時代どころかより古い時代、旧約の時代に戻ろうとしていたのである。コリン・モリスがいうように、この頃の教会はパウロが書簡を送ったギリシア諸都市に散在していた小共同体ではなく、むしろイスラエルの神の王国に近いものになりつつあったからである。使徒の世界より、ダヴィデの世界の方が、中世キリスト教にとっては近いものになっていたのである。その証《あかし》は、八世紀以後、新しい王権論が生まれ、国王がダヴィデのように塗油《とゆ》されることになる事実にも、見ることができる。したがってこの頃教会は、個人の信仰というよりも典礼を重視し、典礼国家を作り上げていたのである。農民が最低限度の生活必需品にも事欠いていたときに、教会の共同体は、巨大な建築物をつくりあげ、選ばれた少数の者にしか解らない言葉で儀式を挙行していた。コリン・モリスは、それを、「高尚な文化遺産をもつ野蛮な社会」と呼んでいる。

この時代に関してもう一つ注目すべきことに、イエス像の変化がある。コリン・モリスが指摘しているところによると、十字架につけられたイエスの像は腰布をつけ、マリアとヨゼフとが見上げている構図で描かれている。十字架上のイエスの姿は、しかし、生き生きとしており、目を見開き、腕はまっすぐで苦痛のしるしもなく、顔には髭もないことが多い。ここには、死者としてのイエスは描かれてはいないのである。十字架像は万物の創造主であるキリストの勝利を示すものであり、苦痛などの見られないイエスが描かれ、その種の像がおよそ一〇五〇年頃まで主流を占めていた(3)。

十世紀頃から死者としてのイエスの像が現われ始め、苦痛の表現も見られるようになるが、生き生きとした王者キリストの像にこの種の像がとって代わるにはかなりの年月を要し、最終的にはグリューネヴァルトの十字架像を頂点とする苦しむイエスの像が定着してゆくことになる。この種のイエス像は、史的イエスについての理解が深まってはじめて生まれるものであり、苦しめるイエスを描くということは、人間イエスを描くことだからである。イエス像のこのような変化は、人間イエスを理解しはじめた人が生まれていることを示している。イエス像の変化は、それを描いた人が個人として自己を捉えていた、ことをも示して

キリスト磔刑　980年ころ　「ロルシュの典礼書」から　ドイツ、ヘッセン州のロルシュ修道院のために制作された。

グリューネヴァルトのキリスト像　1511～15年ころ　イーゼンハイム祭壇画より　コルマール、ウンターリンデン美術館蔵

いるのである。

　ところで、この時代の文化のもう一つの中心である修道院も忘れてはならない。十世紀には各地に改革修道院が生まれているが、その出発点となったのがクリューニー修道院であった。改革修道院の多くは、人煙希《まれ》な森の中に建てられ、そこで隠遁《いんとん》生活を送っていた。このような隠遁への志向は、この時代、十世紀の社会を考えれば十分理解できることである。十世紀には、先にもふれたように、イスラム教徒とマジャール族がヨーロッパ内部に侵入し、スカンディナヴィア人の侵入も繰り返されていたから、各地の修道院は繰り返し略奪《りゃくだつ》され、安全な場所さえなかったほどであった。当時の教会がおかれていた環境も、好ましいものではなかった。社会全体が貧しく、暴力行為にあふれ、教会も、侵入してくるヨーロッパ外の勢力だけでなく、国内の貴族たちによっても略奪されていた。この頃の聖職者たちにとっては、この世から隠遁することが、唯一の救いの道だったのである。人間性に対する信頼などはほとんど見られず、当時の人びとは、人間は堕落《だらく》した天使の数を埋め合わせるためにつくられたものに過ぎず、カンタベリーのアンセルムスなどは、神の国のこうした事情のために人間がつくられたと考えていたのである。クリューニー修道院長オドーの話は、そのような事情を明らかにしてくれる。

　オドーの甥が子供の頃、スカンディナヴィア人たちが襲ってきて、捕らわれてしまった。乳母が救い出し、オドーのもとに逃れてきた。「少年がオドーの許にくると、彼は直ちに少年に洗礼を授け、天に目を向け、この子がすぐに召されるように祈った。その子は三日後に死んだ。その父は修道士になった」。この話にみられるように、早く死ぬことがこの世に生をうけた者の目的だったのである。

人間性に対して大きな価値をおいていないかに見えるこの頃の人々の言動にもかかわらず、私たちはかえって隠遁志向を持つ人々の中に、個人や人格への深い関心を見いだすのである。なぜなら、修道院だけでなく、当時の社会においては、皆が共に暮らす慣習があったから、一人になる機会は容易にはなかったからである。ペトルス・ダミアニ（一〇〇七〜七二）については、ローディのヨハンネスの伝記があるが、それによるとダミアニは貧しい家に生まれ、子どもの頃から飢えに悩まされて育った。六十歳になって枢機卿《すうきけい》の時、彼の姉が死にかけているという知らせで生家に戻ったことがあるが、昔の記憶が蘇ってきて、まわりがかすんで見えたという。彼が生まれたとき、あまりに多くの子どもがいたので、長男が母親にまた子どもを生んだのかと怒鳴りつけたことがあった、のである(4)。このように、彼の子ども時代の体験が彼の世俗放棄《ほうき》への姿勢の背後にあった、と考えられるのだが、彼は、世俗での生活を捨てることによって自己の真実の姿を知ることができる、といっている。コリン・モリスは、これほど野蛮で親族や主君の絆《きずな》が強力であった社会では、個人が自己を発見するためには外的世界を激しく否定するしかなかった、といっている。

「捨ててしまえ、仕事に対する無益な関心を捨てよ、なんの実も結ばない、仕事に励むのをやめよ。全力を挙げて心を自分の中に向けよ。疲れを知らぬ敵に立ち向かうために、慎重に自己の守りを固めよ」。ダミアニのこの言葉は、この時代に内省への深い関心が生まれていたことを物語っている。一〇七〇年頃アンジェロ・イン・フォルミスの教会の扉には、「自己を知る者は天を極めるであろう」と彫られていた、という。

十二世紀以前のヨーロッパにおける個人の問題は、以上のように要約しうるが、それがどのようにして十二世紀に一挙に花を開くことになったのだろうか。それはいわゆる十二世紀ルネサンスの問題であり、そこにみられる社会の流動性に起因するものでもあった。

十二世紀ルネサンスの特徴となるいくつかの事実がある。宗教の面ではすでに述べたように神学の革新がみられたし、教育においても大学の成立やシャルトル学派の活躍、社会的には都市の成立と騎士層の文化の台頭《たいとう》、そのほかローマ法の復興や哲学における新プラトン派やアベラールの活躍、文学においては新しいラテン文学や宮廷ロマンの成立、そのほか芸術や美術においても新しい形が生まれていた。

その中でまず注目すべきものに、都市の成立と貴族層の台頭がある。都市の成立とその影響についてはすでにさまざまな叙述があるから、ここで改めて述べる必要はないだろうが、貴族層の台頭については、後の叙述との関連で触れておかなければならない。このころ貴族階層の中に属する騎士層にも二つの集団が生まれていた。一つはユヴェーネスと呼ばれる若者たちで、長子相続制が広まるにつれて、次男以下の若者たちは、父親の城を嗣《つ》ぐことができず、他国に財産と妻を求めて長い旅に出るようになっていた。ジョルジュ・デュビーが詳しく述べたように、これらの騎士の卵は、故郷を離れると各地で騎馬試合に出たり、戦闘に参加したりして、旅の中で青春を過ごしていたのである。彼らは刀礼《とうれい》をうけ、騎士として認められると何人かの仲間とともに家を出たのである。中世世界の中の砂漠、ともいうべき森を抜け、獣と闘い、彼らは旅を続けた。彼らにとって一時の休息の場となったのが、各地の騎士の城である宮廷であった。そこで若い騎士たちは恋に目覚め、吟遊詩人たちと出会い、自らも詩をつくって、新しい体験をしたのである⑤。

ところで貴族層の中で、私たちが注目しなければならないもう一つの集団がある。それは若い騎士たちと出会う貴婦人を含む貴族の女性たちである。十世紀において、とくにオットー諸帝の時代には后たちは時に摂政として活躍していたし、女流詩人として活躍したガンダースハイムのフロスヴィタのような女性もいた⑥。しかし十二世紀の南フランスに現われた女主人たちの位置は、それらの女性たちとはちがっていた。彼女たちは多くの騎士たちの奉仕をうけ、主人として崇《あが》められることになったのである。第四章でみるように彼女たちは新しい恋愛観の中で主要な役割を果たすことになる。

さらにこの時代に新たに出現した人間集団として、官僚たちをあげなければならない。新たに設立された大学や聖堂参事会学校で学んだ人々が、官僚として、各地で働くようになったのである。各地の国家は皆、法律家集団と官僚を抱えて、行政・外交の分野で仕事をゆだねていた。この官僚の持つ問題点を指摘したコリン・モリスの視点は、注目に値する。十二世紀の中頃には、司教区においても官僚が使われるようになり、ローマ教会の中央集権化が進められた。実際のところ、教会のために働いた官僚のほとんどは司祭であったが、彼らが直面した問題は、その仕事に指針を与え、正当化する倫理的基準がない、ということであった。彼らに求められていたのは、世俗に背を向けた修道士としての生活でも、伝道でもなかったからである。商人の息子として生まれ、カンタベリー大司教に仕え、ヘンリー二世の尚《しょう》書《しょ》部《ぶ》長官に任ぜられたトマス・ベケットは、その典型といえよう。ベケットはやがて大司教に任命されると、直ちに尚書部長官を辞し、教会の独立のために国王と闘うことになった。その結果、彼は教会の中で、国王に殺害されてしまうのである。新たに生まれた事務官や官僚には、当時の世俗国家と教会との対立の中で、その仕事を律して行く指針が求められていた。キケロの「義務について」などが好んで読まれたのも、そのためであった。ブロアのペトルスの書簡なども同じ視点の中に位置づけることができるだろう。

十二世紀は、このようにさまざまな階層が新しい局面の中で自分たちの生き方を模索し始めた時代であった。その全体は十二世紀ルネサンス論としてくくられて、いくつもの研究が現われている。ここでは十二世紀ルネサンス論を繰り返すつもりはない。本書の目的は個人・人格の成立にあるから、その問題に沿って、この時代の重要な要素に注目することにしよう。

M・フーコーは次のように述べている。「個人としての人間は、長いこと、他の人間たちに基準を求め、また他者との絆《きずな》を顕示することで（家族、忠誠、庇護《ひご》などの関係がそれだが）、自己の存在を確認してきた。ところが、彼が自分自身について語り得るかあるいは語ることを余儀なくされている真実の言説によって、他人が彼を認証することとなった。真実の告白は、権力による個人の形成という社会的手続きの核心に登場してきたのである」(7)。

フーコーは、西欧において個人が成立してくる最大のきっかけとして、告解《こっかい》の普及を見ているのである。個人の成立には、コリン・モリスが指摘しているようにさまざまな条件が絡んでいるのだが、ここでは主として最も重要な契機と見られる告解の問題にしぼって考えてみたい。

いうまでもなく、告解の前提になるのは罪の意識である。ヨーロッパ史は、初期中世から近代にいたるまで、罪の意識を軸として展開してきた。ここには日本史には全く見られなかった事態がある。

罪の意識はどのようにしてヨーロッパ史を貫く軸となったのだろうか。ごく簡単に展望してみよう。

地中海世界で成立したキリスト教は、ローマの国教となり、西ローマの滅亡後は西ヨーロッパにおいて地中海世界の高度な文化を背景にしてゲルマン社会に伝道を進め、フランク王国以後、キリスト教世界が成立することになった。しかしゲルマンの部族社会は、地中海沿岸で成立したキリスト教と全く異なった多神教の世界であり、キリスト教の伝道には非常な困難があった。すでに別の著書で示したように、(8)私は、八世紀のカール大帝のカロリング・ルネサンスは、ゲルマン的俗信と慣習のただなかにあって、伝道を進めなければならなかったカールが、そのための理論的武装をするために行ったものだ、と考えている。伝道の過程で、多くの村は新たに教区に再編された。それぞれの教区に、司祭がおかれたのである。東フランクだけでも三五〇〇もあったといわれる教区は、フランク王国全体をみれば、おそらくこの数倍はあったとみられる。教区における司祭の仕事は、教区民の日常生活のすべてにかかわっているので、極めて多様で困難であった。とくに教会は古代末期の伝統の上にたって、各教区民の日常生活のなかでも、ゲルマン古来の俗信や迷信の排除と並んで、男女の性関係に厳しい監視の目を向けようとしていた。ゲルマン世界の異教徒と接触することになったキリスト教会にとって、教会の教義を貫徹できるかどうかは、教会の細胞としての家と人間の関係をいかに制御《せいぎょ》しうるかにすべてがかかっていたからである。

テルトゥリアヌス（?～二二二頃）からアウグスティヌスを経てグレゴリウス一世（五四〇頃～六〇四）までの間に、キリスト教による国家論が生まれている。いずれにしても罪の意識が極めて大きな位置を占めており、そこが、わが国の国家論とは根本的に異なっている点ではないかと思う。西欧の全歴史を通じて、罪の意識の大きな流れがあり、それが権力による民衆の把握と深い関係をもっているのである。西欧の国家論の根底に、アダムとイヴの楽園追放以来、この世が罪にまみれ、神の怒りをかった結果、この世に支配と被支配の体制が避けられないものとなった、という考え方が、太い線となって流れているのである。出発点となるのは、創世記第三章とロマ書第一三章一節の文章である。

すべての人は上に立つ権威に従うべきである。なぜなら神によらない権威はなく、おおよそ存在している権威はすべて神によって立てられたものだからである。したがって権威に逆らう者は、神の掟《おきて》に背く者である。背く者は自分の身に裁きを招くことになる。いったい、支配者たちは、善事をする者には恐怖でなく、悪事をする者にこそ恐怖である。あなたは権威を恐れないことを願うのか。それでは、善事をするがよい。そうすれば、彼からほめられるであろう。彼はあなたに益を与えるための神の僕《しもべ》なのである。しかし、もしあなたが悪事をすれば、恐れなければならない。彼はいたずらに剣を帯びているのではない。彼は神の僕であって、悪事を行う者に対しては、怒りをもって報いるからである。だから、ただ怒りを逃れるためだけでなく、良心のためにも従うべきである。あなたがたが貢《みつ》ぎを納めるのも、また同じ理由からである。彼らは神に仕える者として、もっぱらこの勤めに携わっているのである。あなたがたは、彼らすべてに対して、義務を果たしなさい。すなわち、貢ぎを納むべき者には貢ぎを納め、税を納むべき者には税を納め、おそるべき者は恐れ、敬《うやま》うべき者は敬いなさい。

テルトゥリアヌスによると、楽園追放の後、人間にとって世界は牢獄となり、霊は肉体の奴隷となって、病気と苦労が休む間もなく襲い、最後には死が訪れる。この状態はアダムとイヴから始まり、人類のすべての子孫に引き継がれて行く。こうして楽園追放以後この世の国家の運命は神の意のままとなり、すべての現世の権力は神に由来することになった、とヴォルフガング・シュトゥルナーはいう。楽園追放によって不安定な存在となった人間にとって、国家はやむを得ないものになった、というのである。

テルトゥリアヌスはローマ時代の人間であり、キリスト教徒が国家を形成することなどは想像もできない時代に生きていたから、キリスト教徒は、ローマのような国では他人を支配する王になったり、官吏や軍人になることも許されない、と考えていた。この点では、アウグスティヌスこそ、中世キリスト教国家論の出発点に立つ人物であった。

アウグスティヌスも、基本的にはテルトゥリアヌスと同様な考え方に立っている。天地創造の過程で人間には特別な地位が与えられており、天使と動物の中間の地位にある人間が理性を備え、他の被造物《ひぞうぶつ》よりも優れ、それらを支配する地位におかれている。そのために人間は楽園において何不自由なく、病気もせず、死の恐怖もなく、喜びの中で暮らしていた。しかし人間は傲慢《ごうまん》のために楽園から追放され、もはや不死ではなく、霊も永遠の苦しみに落とされることになった。我欲《がよく》に目覚めた人間は闘いや争いを起こし、野獣のように争い、その結果劣る者は勝者の奴隷となり、人間は二重の意味で奴隷となった。一つは自分自身の欲望の奴隷であり、また他人の奴隷となることになったからである。

こうして我欲と支配、圧迫の上に、神に背いた者の共同体が生まれた。それが地上の国 civitas terrena である。しかしこの地上の国も、完全に創造の秩序の外にあるわけではない。それらの国も神の力のもとにあり、神の摂理《せつり》によって命運が定められているのである。たとえばローマ台頭の理由を、アウグスティヌスは、次のように説明している。初期のローマ人は、我欲を克服し、名声を求めようとする燃えるような欲望につき動かされていた。ローマ人は、国家のために名誉と名声を求め、支配を拡大し、自由を得るために用いた。つまり共同体と祖国のために我欲を抑えたのである。このような行動によって、ローマ人は、他の人々よりも優れた徳目《とくもく》を示し、神によってローマは覇権《はけん》を得ることを許されたのである、と。

アウグスティヌスは、キリスト教国家の支配者の姿も描いている。彼は永遠の救いを望む希望に導かれている。彼は神のみを見て神に従う。彼は自ら神の許しを必要とする人間であり、自惚《うぬぼ》れず、謙虚《けんきょ》でなければならない。もてる権力はすべて神のために用い、あらゆる手段を用いて神を讃えようとする人間でなければならない。

では、アウグスティヌスが構想したキリスト教国家とは、どのようなものなのだろうか。キリスト教国家も人類の楽園追放後の国家であるから、支配と無秩序、法と裁判、戦争と脅《きょう》威《い》を免れない。しかしそれらはそれ自体で正当化されるものではなく、大きなつながりの中におかれることによって、質的な変化をこうむっているという。つまりこの共同体（国家）の内的構造の全体は、始まりと目的（終局点）を神においている、という点である。これによって、国家のすべての構成部分と働きは、変わってこざるを得ない。支配は、神と人間を愛するための奉仕に変わり、従属は、喜ばしい服従に変わる。支配者と支配される者の関係は、神を敬い、愛と配慮によって結ばれた人間の共同体となる。裁判と戦争は、その秩序を守り、普及させるためにのみ存在する。もちろん、こういいながらもアウグスティヌスは、テルトゥリアヌスと同様に、世俗の国家による支配に対して懐疑的な態度を崩すことはなかった。アウグスティヌスは、世俗の国家と支配を楽園追放に至った人間の罪の結果としての罰と見ていたからであり、それは本来の人間の生活秩序に反するものだ、と考えていたからである。

ところがグレゴリウス一世（五四〇頃〜六〇四）になると、国家の成立と意味に関する見解はかなり変わってくる。グレゴリウスも、楽園追放によって人間が本来もっていた平等が失われたとする点では、他の教父と異なっていない。人間の欲望や弱点がそれぞれ異なっているように、神に対しても、それぞれ異なった態度をとるようになる。人間の誤りゆえに

ex votio 人間の間に多様性 diversitas が生じた。しかし神は、それをそのままにはしておかない。神は、人間の間に新しい状況にふさわしい秩序をおき、特定の人々が主として他の人々を統治するように定めたのである。

しかしテルトゥリアヌスとちがって、この支配は、グレゴリウスにとっては、本質的に神から遠い悪の領域に属するものではなく、その支配のもとにおかれることは、それ自体は病気や死のような神に対する不服従のゆえの罰とはみなされないのである。この点では、グレゴリウスは、支配（オプリヒカイト）をはじめから救済のための手段と見ていたオリゲネスやクリュソストムスなどの教父たちと、同じ考えを持っていた。もはやすべての人間が神のお気に召す生活をおくることはできないのだから、一人だけでも他の人々を指導しなければならないのだ、というのである。したがって支配者は命令を出すだけでは十分でなく、自らの地位によって人々に真に役立つこと、つまり彼に従う者の目を神に向けるために努力しなければならないのである。

支配者（オプリヒカイト）が罪に対する闘いの義務を遂行し、人々が本来の自然に立ち戻って行くときに、支配者の仕事は、根本において人間の間に平等を実現し、支配自体を消滅させる。欲望がなくなれば、支配もその正当性と本来の意味を失い、支配する者も今や達成された平等 aequalitas を真っ先に享受することになる。支配者は、名誉ある特権をもできるかぎり放棄することになるのである。他方において、世俗の権力が、神の命令に頑強《がんきょう》に背く者を恐怖と脅威によって罪から遠ざかるよう仕向けることは全く正しい仕方である、という。

中世初期の国家論は、楽園追放以後の国家の理念に根ざし、罪との闘いを使命としていたのであり、それはルターにまでいたる、長い系譜をもっている。以下においては、このような罪の思想が、国家と教会との関係の中で、個人にどのような形で意識されていったのかを見てゆきたい。罪を自己の内面の問題として意識するきっかけをつかんだことこそが、個人の管理、個人の発見となるからである。(9)

六　男女の性的関係は中世では罪であった

中世を通してキリスト教会の基本的教義となったアウグスティヌスの著作のなかでも、性行為は、正式に結婚した夫婦の間で子供を生むという目的のもとでのみ許される、と述べられている。(1) この条件に合致しないすべての性行為は、罪深いものとされたのである。しかしながらこの原則では、個々の夫婦の性生活を具体的には何も規定していないのに等しいので、中世にはいると、その具体的な指針が求められるようになっていった。とくに教区司祭にとって、教区民の行動、生活をどのように律してゆくべきか、が大きな問題であった。

初期キリスト教会は、教区民の罪についても洗礼を受けた後に犯した罪には赦《ゆる》しが与えられる、としている。しかし不義密通《ふぎみっつう》や殺人、偶像崇拝《ぐうぞうすうはい》といった大罪にたいする罪の赦しは、公衆の面前での悔い改めによらねばならなかった。灰の水曜日には当人を破門し、聖餐《せいさん》に与《あずか》ることを禁じ、罰を科したのである。罰は四旬節《しじゅんせつ》の間と聖木曜日までつづく。そののちに赦しが与えられ、聖餐をうけられるようになった。しかしこの悔い改めは一生の間に一回しか行えず、社会的に極めて重大な結果を招いたから、誰でもが行えるというものではなかった。公開で悔い改めをした者は独身のばあいは一生結婚できず、既婚者のばあいはその後も性関係はもてず、軍事義務にもつけず、将来司祭になる道も閉ざされたのである。(2)

ことに六世紀頃から秘密に告白する形式が生まれるようになり、いわゆる告白の制度が徐々に普及していった。そして一二一五年の第四回ラテラノ公会議において、成人男女は少なくとも年に一回告白することが義務づけられることになった。しかし男女の性関係を含む罪のあり方は、極めて多様であるため、六世紀末ごろから、司祭などの告白を聴く者のための参考書がつくられた。それが贖罪規定書《しょくざいきていしょ》である。そこには男女の性関係だけでなく、迷信や俗信などを含む罪のカタログが示され、それぞれの罪に対する罰の量も示されている。贖罪規定書は六世紀末にアイルランドではじめて生まれてから、十二世紀初頭までヨーロッパ全域に広まり、数多くの版が知られている。それは日常生活の全領域にわたって、ゲルマン的俗信と戦おうとするキリスト教会の姿勢を示したものとして、極めて重要な史料なのである。伝道に伴うキリスト教と異教徒との対立について、これまでの研究では、当時の神学者や、教師、聖職者の理論や教義の書物などが参照されることが多かったが、贖罪規定書は伝道や教化の第一線にいた司祭や修道士が用いたものであり、[3] その意味で非常に重要なものである。そこには地中海沿岸で成立したキリスト教がゲルマンの世界と接触したときの様子が、まざまざと読み取れるのである。

しかしながら贖罪規定書は、六世紀から十二世紀までヨーロッパ全域にわたって使用され、多くの版を重ねてきたものであるから、それらのすべてをひとしなみに扱うわけにはいかない。贖罪規定書の内容にはいる前に、贖罪規定書の系譜について簡単に展望しておく必要があるだろう。なぜなら、贖罪規定書が現場の司祭のハンドブックとして作成されながら、後の教会法令の中に取り込まれるようになるには、多少の紆余曲折《うよきよくせつ》があったからである。すでにシュミッツが贖罪規定書を編集した版があり、[4] その他にミーニュ[5]やヴァッサーシュレーベン[6]などの編集になる版もある。ここでは最新の研究であるP. J. Payer にしたがって、贖罪規定書の分類を見ておきたい。ペイヤーは、贖罪規定書の内容の全体を扱っているわけではなく、主として男女の性関係についてのみ考察しているのであるが、その分類は全分野について有効と考えられるからである。

ペイヤーは、贖罪規定書の全体を、初期のアイルランドの贖罪規定書から八一三年までの時期を第一期として、九世紀の贖罪規定書を第二期、九〇六年以降を第三期として区分している。第一期の贖罪規定書のなかでペイヤーがとりあげているのは、フィンニアンの贖罪規定書（五九一年以前）とコルンバヌスの贖罪規定書（六世紀後半）とクメアンの贖罪規定書（六六二年以前）、ブルグントの贖罪規定書（八世紀前半）、メルセブルクの贖罪規定書（七〜八世紀）、クメアンのエスカルプス（八世紀）、テオドールのカノン（七〜八世紀）、ベーダの贖罪規定書（七三五年以前）などである。第二期は九世紀以降の贖罪規定書であるが、その間に八一三年のシャロンの会議が開かれ、そこで贖罪規定書に対して非難の声があげられている。贖罪規定書と呼ばれる冊子には誤りがあり、著者も定かではなく、重い罪に対し軽い罰を科している、としてこれらの贖罪規定書を廃止させねばならない、と述べている(7)。また八二九年にパリの会議でも贖罪規定書に対する非難がなされ、司教たちは贖罪規定書を探しだして焼却しなければならない、と述べられている。理由は教会の権威に反することが行われているという点にある。教会法に背く罰を与えている、というのである(8)。オルレアンの司教テオドゥルフは、贖罪規定書の使用を勧めているが、それを用いるに当たって告白者が知らなかった罪を教えることがないように注意を促している(9)。

このような経過があったが、贖罪規定書については他の公会議では特に問題にならなかった。しかしこうした非難や批判によって、九世紀以降の贖罪規定書には変化が生じている。そのなかで特にペイヤーが扱っているのは、カンブレーのハリトガールの贖罪規定書（八一七〜八三〇年）とフルダ司教ラバヌス・マウルス（八二二〜八四二年）の贖罪規定書である。これらの贖罪規定書は、教皇勅令や公会議決議などに配慮しながら編集されており、出典を明記しないままで第一期の贖罪規定書を踏まえている点に特徴がある。

九〇六年以後、十世紀には、性関係に関する規定は贖罪規定書という独立した形をとらずに、グラティアヌス教令集などの教令集に集められていった。ヴォルムス司教ブルヒャルトの教令集（一〇一〇年頃）もその一つであり、ブルヒャルトはその中に、クメアンのエスカルプス、ベーダとエクベルトの贖罪規定書（七三五年以前、七五〇年頃）、プリュムのレギノの贖罪規定書（九〇六年）などの多くを収録している。その他に、シャルトルのイヴォの教令集（一〇九四年）、ルッカのアンセルムの教令集（一〇八三年）そのほか多くの編集書なども含まれている。

以下においては、これらの贖罪規定書あるいはそれが含まれている教令集の内容を、ある視角から概観することになるが、ここでは広範囲にわたる項目のうち、二つの点にしぼってみることとしたい。一つは、これらの贖罪規定書において男女の性的関係にどのような規制が加えられているのか、という点である。同時に、ゲルマン古来の慣習や迷信と呼ばれる習俗に対してどの様な態度がとられているのか、をも観察したい。

ペイヤーにしたがって、まず八一三年までの贖罪規定書における男女関係の規制について、既婚者間のヘテロセクシュアルな生活、未婚者間のヘテロセクシュアルな関係、ホモセクシュアルな関係、レスビアン関係、獣姦《じゅうかん》、マスターベーション、純潔の保証、射精《しゃせい》などについてみてみよう。

既婚者間のヘテロセクシュアルな関係については、密通《みっつう》adultery、禁欲期間、性交《せいこう》の正しい体位《たいい》、近親相姦《そうかん》、催淫《さいいん》、不妊と不能、避妊、などに分けられている。

密通というばあい、一方の当事者が少なくとも結婚しているばあいの性的関係をいう。通常は adulterium, adultera などの語が当てられ、それはより具体的には cum uxore alterius 他人の妻と、あるいは qui uxorem habens 妻を持つ身で、などとなっている。しかし今日の密通という言葉よりも広い意味をもっていた。たとえばかつて結婚していた者が後に聖職者になり、そののち妻のもとに戻って性関係をもったばあいも含まれている。(10) 一般的には、他人の妻、婚約者、あるいは修道女との性関係が adultery に含まれており、(11) 獣姦や聖職者と霊的処女との関係もそれに含まれる。自分の奴隷との性関係が adultery に含まれている贖罪規定書もいくつかある。

しかし、もしこの女奴隷が子供を出産したばあいは、この奴隷を自由にしてやらねばならない。女奴隷を売却したいと思っても、許可されるべきではない。しかし二人は別れねばならないし、男は一年の間パンと水だけで過ごす贖罪をし、以後は内妻との性関係をもってはならず、妻との間でのみもつことが許される。(12)

もし当事者がパンと水だけの贖罪に耐えられない状態であるばあいには、金を払って贖罪に代えることもできた。当事者が聖職者であるばあいの罰は厳しく、司教のばあいは（他人の妻と交わったばあい）一二年間の贖罪期間中三年はパンと水だけで過ごし、そのうえ職を解かれる。司祭のばあいは、一〇年間の贖罪期間中三年間はパンと水だけで過ごし、その職を解かれる。助祭や修道士のばあいは、七年間の贖罪期間中三年間はパンと水だけで過ごし、その職を解かれる。俗人のばあいは、五年間の贖罪期間中二年間はパンと水だけで過ごさねばならないのである。以上あげた者は、聖餐を受けることができず、贖罪がすんでのちはじめて聖餐を受けることが許される。(13)

禁欲期間については、すでに「出エジプト記」において、神の啓示のまえ三日間は婦人を近付けてはならないとしており、「レビ記」（一五－二四）では生理中の婦人と交わることを禁じている。パウロは、「コリント人への第一の手紙」（七－五）において、祈りに身を捧げるために合意してしばらく別れ、そののち再び一緒になることは差し支えないとしている。一般的には子供を生むため以外の性関係は神に認められておらず、結婚生活には当然禁欲の期間がなければならない、とされている。フィンニアンの贖罪規定書では、三回の大斎日《たいさいじつ》（つまりクリスマス前の四〇日間と復活祭前の四〇日間、聖霊降臨祭《せいれいこうりんさい》前の四〇日間）並びに日曜の夜と、土曜日の夜、そして妊娠から出産までの期間となっている。(14)のちには水曜日と金曜日も追加されるばあいもある。出産後の性行為の禁止についても男児のばあいは三三日間、女児のばあいは五六日間となっているばあいもある。(15)

これらの規定を守れない者は、一定額の金を教会に払い、貧民に二六ソリドゥスを払うことが定められている例がある。[16]

性交の体位については、今日missionary positionといわれている体位以外は禁じられており、オーラルセックスも禁じられている。後背位《こうはいい》については四〇日間の贖罪が科せられていて、後背位は犬のような野獣の体位として退けられているのである。アナルセックスのばあいは七年間の贖罪が科されている。婦人の口の中に射精をした者は、三年間の贖罪をしなければならず、それが習慣になっている者は七年間の贖罪を守らなければならない。[17]

近親相姦についてはこの時代にはかなり範囲が広かったが、自分の母との性関係、姉妹との性関係が禁じられている。テオドールのカノンが、はじめてインセストについて詳しく記録しており、母、姉妹の他、兄弟とのホモセクシュアルな関係も含まれている。前者には一五年間の贖罪と日曜以外は服を替えない罰が科されている。後者については一五年間肉食が禁じられている。また自分の息子と性関係をもとうとした母親は、三年間肉食を絶ち、週一回晩禱まで断食しなければならない。[18]

父親の未亡人、父方の叔父の未亡人、姉妹その他、女性の縁者と性的関係をもったばあい、あるいは父親が娘と性関係をもったり、姉妹と性関係をもったばあい、一〇年間巡礼に出て償《つぐな》わねばならず、そのうち二年間はパンと水だけで過ごさねばならない。巡礼に出ることができないばあいは、一年毎に一二ソリドゥスを払わなければならない。俗人のばあいは鞭打《むちう》たれ、一人の人間に自由を与えなければならない[19]。

アフロディシアクスとよばれるのは、催淫に関する手段のことであり、夫の精液を食物のなかに混ぜて夫に食べさせた妻は、二年間の贖罪をしなければならないことになっている。それによって夫の精力が増大すると信じられていたからである。あるいは malefici, venefici と呼ばれる予言者に堕胎剤《だたいざい》を使わせる行為も対象となっている[20]。

何者かが魔術を使って愛を起こさせようとし、誰にも被害を与えなかったならば、聖職者 clericus であれば一年間パンと水だけの贖罪を果たさねばならないし、俗人のばあいは半年間、助祭 diaconus は二年間、司祭 sacerdos なら三年間の贖罪を果たさねばならない。もし堕胎をしたばあい、殺人の罪によって四〇日間の贖罪を六回科されねばならないとある[21]。

不妊については、もし妻が不妊であることが明らかになったばあいには、禁欲を守らねばならない。性行為の目的は出産のみにあるからである。しかし夫が不能であることが明らかになったばあい、妻は別の男と結婚することが認められている[22]。避妊に関してペイヤーは、避妊の実践に対する非難とたまたま結果として避妊となる行為に対する非難とを区別しなければならない、としている[23]。前者だけが避妊の範疇にはいるというのである。したがってアナルセックスやオーラルセックスは後者にはいることになる。しかしながら贖罪規定書では避妊剤に対する非難は特にあげられていない。八一三年までの贖罪規定書では、避妊そのもの、あるいは避妊剤そのものは扱われていないという。

未婚者の性関係について、贖罪規定書ではあまり詳しく扱っていない。その多くは聖職者にかかわるものである。未婚者間の性行為については、贖罪規定書はほとんど扱っていない。青年が処女と性関係をもったばあい、一年間の贖罪が科せられ、子供が生まれたばあいは二年間の贖罪となっている。未婚者同士の性行為は、既婚者や聖職者、修道士にかかわらないかぎりで、寛大に扱われていたとみられる。

中世においては処女性、独身、性的禁欲に重要な位置が認められていたうえに、同性の集団が数多くあったために、ホモセクシュアルの関係は常にどこにでも見られた。用語としてはしばしば sodomitae が出てくるが、それは多くのばあいアナルセックスであり、ホモセクシュアルな関係一般をさしていたわけではない。しかしマスターベーションの他に太股による性交と相互のマスターベーションには、それぞれ三年と二年の贖罪が科されている。[24] 唇で欲望を満たすものは三年の贖罪、習慣となっているものには七年の贖罪が定められている。女性同士の性関係についても、三年間の贖罪が科されている。

獣姦については、聖職者のばあいと俗人のばあいに分けられており、俗人のばあい既婚者と未婚者に分けられている。既婚者は未婚者の倍の贖罪をせねばならない。テオドールの贖罪規定書では、獣姦に使用された動物をいかに処置すべきかも論じている。しばしば獣姦をおこなうものは一〇年間の贖罪を科されたり、別のばあいは一五年となっている。使用された動物は殺され、肉は犬に与えるべし、と規定されているばあいもある。[25] 動物の種類も問題になることがある。しかしどの動物がどの程度悪いのか、は指摘されていない。

ラテン語にマスターベーションに該当する言葉はない。自分で不義をする per se ipsum fornicaverit といった表現があるにすぎない。これをマスターベーションとみるとすれば、多くの贖罪規定書で扱われていることになる。女性のばあいには三年間の贖罪が科せられているが、これはレスビアンの関係のばあいと同じだ、という。この点で注目すべき贖罪規定書の項目がある。

欲望を持ちつづけながら、女性に拒まれたり、話しかけたりすることも恥しくて、欲望を遂げることができないばあいでも、その者は adultery を心のなかで犯したことになる(26)。心であろうと肉体であろうと、罪には変わりはない。しかし贖罪の程度には違いがある。パンと水だけで四〇日間の贖罪をしなければならない。贖罪規定書は、人間の心の犯した罪を裁こうとしているだけではない。夢の中で起こったことも、罪とされているのである。

夢の中で意図的に射精した者は、起きて詩編七つをよみ、その日はパンと水だけで過ごさねばならない。それができないばあいは、詩編三〇をよまねばならない(27)。このばあいの意図的な voluntate とは、寝につく前に夢精を期待しているばあいをいうのであろう。それでも罪になるというのである。夢の中でそのような罪を犯そうと望みながらかなえられなかったばあいは、詩編を一五よまねばならず、実際にかなえられたばあいには二〇、意図せずに射精したばあいには一六の詩編をよまなければならない(28)。人間は夢に対しても責任を負うことになっているのである。

以上ペイヤーの研究にしたがって、八一三年までの贖罪規定書の規定を概観してきたが、九世紀の二つを除いて、十二世紀初頭のヴォルムスのブルヒャルトの贖罪規定書を次にみることにしよう。性関係については、従来のものと大きな変化はないので、概要だけを挙げておくことにする。

ブルヒャルトの贖罪規定書「矯正者《きょうせいしゃ》・医者」は、さまざまな分野を扱っているが、まず男女の性関係に関する章をいくつか見ておきたい。

おまえは、妻か別の女と、犬のように背後から結合しなかったか。もししたのなら、パンと水だけで過ごす一〇日間の贖罪を果たさなければならない。(五二章[29])

おまえは、妻が生理の時に結合しなかったか。もししたのなら、パンと水だけで過ごす一〇日間の贖罪を果たさなければならない。もし妻が出産後の血から清められる前に教会に足を踏み入れたら、おまえの妻は教会から遠ざかっていなければならない日数だけ贖罪を果たさなければならない。その間に、おまえが妻と結合したら、おまえはパンと水だけで過ごす二〇日間の贖罪を果たさなければならない。(五三章[30])

おまえは、妻の胎内《たいない》で胎児が動いた後に、妻と結合しなかったか。あるいは出産の四〇日前に妻と結合しなかったか。もししたのなら、パンと水だけで過ごす二〇日間の贖

罪を果たさなければならない。（五四章[31]）

おまえは、妻の妊娠が明らかになったのちに、妻と結合しなかったか。もししたのなら、パンと水だけで過ごす一〇日間の贖罪を果たさなければならない。（五五章[32]）

おまえは、主の日に妻と結合しなかったか。もししたのなら、パンと水だけで過ごす四日間の贖罪を果たさなければならない。（五六章[33]）

おまえは、四旬節《しじゅんせつ》の大斎《たいさい》の間に、妻と淫《みだ》らな行為をしなかったか。もししたのなら、パンと水だけで過ごす四〇日間の贖罪を果たさなければならない。あるいは二六ソリドゥスを貧民に施さなければならない。もしおまえが酒に酔っているときに起こったことであれば、パンと水だけで過ごす二〇日間の贖罪を果たさなければならない。おまえは、クリスマスの前の二〇日間、毎日曜日、法によって定められた全ての斎日《さいじつ》、十二使徒の聖誕生日、主たる祭日、そして公の場において、純潔を守らなければならない。もしそれを守らないときには、パンと水だけで過ごす四〇日間の贖罪を果たさなければならない。（五七章[34]）

ここにはすでに「レビ記」（一五章、一八章）において、近親相姦、裸身を晒《さら》すこと、同性愛、獣姦、生理中の女性との性交などが禁じられていることを受けて、そののちのパウロの「コリント人への第一の手紙」（七－二九）、「ローマ人への手紙」（六－一二）などを経て、グレゴリウス一世とカンタベリーの聖アウグスティヌスの書簡として伝えられているものへと連なる、結婚と性交についてのキリスト教会の対応の歴史が凝縮されている。グレゴリウスは、夫婦の性交も姦淫《かんいん》になりうると述べ、生理中の女性との性関係を禁じている。それは出産と結びつかないからである。(35)

ここにあげられているような禁令が中世を通じて守られていた、と考えてはならない。中世の書物には、性の快楽を楽しむ人びとを描いた図版は極めて多いし、性を謳歌《おうか》する人びとの歌も多くのこされている。(36)にもかかわらずこれらの禁令が重要なのは、私たち個人の私的生活の奥深くにあると考えられる性の問題に、教会が公的な立場で介入する道がつけられたから、である。告解《こっかい》という制度は、わが国の歴史には存在しなかったから、理解しにくい点もあるかと思うが、ヨーロッパの歴史のなかでは極めて重要な転機となる制度であった、といえよう。なぜなら、個人の私的領域に司祭が介入してくることによって、個人は自分の行為を少なくとも第三者の前で客観的な基準に合わせるべく努力する姿勢を示さなければならなかったからである。つまり、個人の私的領域における行為について、絶対的な権威の前で責任をとる姿勢を示さねばならなかったのである。このことは、現在の私たちからみればいかにおぞましく見えようとも、告解という制度が個人による自己の行為の説明からはじまる以上、個人が自己を意識する大きなきっかけとならざるをえなかったのである。贖罪規定書には、殺人や反逆、主人に背く行為その他の行為があげられているが、これらの外面に現われる行為ではなく、少なくとも外には見えない性的関係が告解の中でとりあげられたことが、西欧における個人の成立に極めて大きな意味をもっていた、と考えられるからである。ヨーロッパにおいては、このような個人の内面に対する上からの介入を経て、近代的個人が成立する道がつけられたのである。告解は、強制された形ではあるが、自発的な自己批判であり、わが国においては、公的なものと結びついた形でのこのような自発的な自己批判の伝統は、ほとんどなかったのではないだろうか。

ところで男女の性関係は、この時代の俗信や迷信と深くかかわっていた。生理中の血液を男に飲ませたりする例などは、血液や生理に対する俗信、迷信に基礎をおいているからである(37)。そこでヴォルムスのブルヒャルトの贖罪規定書のなかの、俗信と迷信に関する章を、みることにしたい。キリスト教会は、中世において、ゲルマン人の迷信、俗信に対して戦おうとし、そのなかで個人の位置が明瞭にあらわれてくるのである。

また異教、悪魔、呪文などについてみると、異教の伝統のなかに、諸元素、月や太陽、星の動き、朔日《さくじつ》などを崇拝する伝統があった。このなかに、叫び声をあげて月の輝きを回復させることができるという信仰もあった。また家を建てたり、結婚する際にも月齢を観察する慣習があるが、そのようなことをしたものは二年間の贖罪を果たすことになっている（六一章）(38)。

また、結び目や呪文をパンや帯の上に書き、それを木に隠したり、交差点におき、自分の家畜や犬が病気にならないようにし、他人の家畜に被害を向けようとすることも、二年間の贖罪を科される罪となっている（六三章[39]）。

泉や石、樹木や十字路などに灯明《とうみょう》をあげ、病をなおそうとしたばあいは三年間の贖罪を果たさなければならない（六六章[40]）。

魔法の呪文で嵐をおこし、人々の心を変えることができると考えるような背信の行為をしたばあいには、一年間の贖罪を果たさなければならない（六八章[41]）。

ストリガ、ホルダといった女の姿に変身した悪魔の群れとともに、悪魔の命令によってある種の動物に跨《またが》り、定められた夜に悪魔の集会に出かけたばあい、一年間の贖罪を果たさなければならない（七〇章[42]）。

墓や泉、樹木や石、十字路などに捧げられた食物を食べたり、石を山のように積んだばあい、三〇日間の贖罪を果たさなければならない（九四章[43]）。

病気見舞いのとき、病人の家の近くの石を持ち上げ、その下に何か生物がいれば病人は助かり、いなければ病人は死ぬと信じているばあい、パンと水だけで過ごす二〇日間の贖罪を果たさなければならない（一〇二章[44]）。

サテュロス（半人半獣の森の精）やゴブリン（悪魔）のために、小さな弓や小さな靴を作らせ、豊かな富をもたらしてくれるようにと捧げたばあい、二〇日間パンと水だけで過ごす贖罪を果たさなければならない（一〇三章[45]）。

夜明け前に出かけるとき、陽が昇ってからでなければ出かけようとしなかったり、鳥がなく前に出かけてはならないと信じたりしているばあい、一〇日間の贖罪を果たさなければならない（一五〇章[46]）。

人間狼の存在を信じているばあいも、一〇日間パンと水だけで過ごす贖罪を果たさなければならない（一五一章[47]）。

森の女 silvaticas と呼ばれる野生の女がときに人間の恋人として現われることを信じているばあいも、パンと水だけで過ごす一〇日間の贖罪を果たさなければならない（一五二章[48]）。

三人の女神のために、食卓に食物と飲物とナイフを用意してそこで楽しめるようにしたばあい、一年間の贖罪を果たさなければならない（一五三章[49]）。

草や言葉、樹木や石などに願い事をしたばあい、七日間の贖罪を果たさなければならない（一六七章[50]）。

自分の月経の血を飲物や食べ物に混ぜて人に飲ませ、その人に愛されようとしたばあい、五年間の贖罪を果たさなければならない（一七六章[51]）。

女たちが衣服を脱ぎ体中に蜜を塗り付け、地面の上に広げたリネンに小麦をまき、その上をころげまわって体についた小麦を集め、挽臼《ひきうす》にいれて太陽と反対に回して挽き、その粉でパンを作って夫に食べさせる。そのパンを食べた者は体が弱り、やつれてしまう。そのようなことをしたばあいは、パンと水だけで過ごす四〇日間の贖罪を果たさなければならない（一九三章）[52]。

雨が長い間降らないときに、大勢の女の子を集め、裸にした少女を先頭にして河まで歩き、その少女にハーブ草を右手の指でつませ、少女の右の靴の先に紐で縛り付ける。女の子たちは皆小枝をもち、河の水を少女にかけて雨が降るように祈るのである。そののち裸の少女と手をつないで、少女は後向きに歩いて村まで帰る。そのようなことをしたばあいは、パンと水だけで過ごす二〇日間の贖罪を果たさなければならない（一九四章）[53]。

以上、ブルヒャルトの贖罪規定書の中から、俗信・迷信にかかわるものの一部をあげてみた。そこには私たちにとって重要な問題が潜んでいる。贖罪規定書における男女の性的関係については、初期キリスト教徒のばあいと同様に、人間が自然と共有している部分をできるだけ否定しようとする姿勢が現われている。つまり人間が動物である部分を否定しようとする姿勢である。人間を自然から独立した存在として位置づけ、自ら意識しようとした初期キリスト教徒たちの遺産は、教会が国家・社会と結んだ結果、教会法令として上から強制されることになったのである。人間が自然と共有している部分を否定することによって、人間を中心とする宇宙観が生まれていったし、理性的な存在としての人間の位置づけがすすめられることになった。中世はそのために理論的な基礎づけがなされた時代であった。

しかし人間は、自然を自らの中にもっているだけでなく、社会的な存在でもある。キリスト教会がゲルマン人の俗信とみたものは、ゲルマン人たちの宇宙観に根ざしたものであり、その宇宙観にもとづいてゲルマン人の社会が築かれていたのであるから、容易に否定することはできなかった。事実、贖罪規定書の中で否定され、罪とされている行為の多くは、かなり後までも村や地方にさまざまな形で生き続けていたのである。

しかしながら、十一、十二世紀に贖罪規定書などによってこれらの俗信にとどめを刺そうとした教会の努力は、実に大きな意味をもっていた。ここでは、わが国では天皇制の土台となった自然観、宇宙観にとどめが刺されているからである。以上、簡単に要約した贖罪規定書で禁じられている営みの多くは、いまでも日本の社会の中に生きている。建前《たてまえ》の時に吉日《きちじつ》を選び、結婚式にも大安《たいあん》を選び、葬式は友引《ともびき》の日には行わない習慣は、いまでも守られている。この他のさまざまな俗信や迷信は、わが国の人間関係の全体を強く規定しており、そこには古代以来の呪術的関係も潜んでいるのである。それらの慣習や人間関係の奥底に、贈《ぞう》与《よ》・互酬《ごしゅう》の関係があることはここで改めていうまでもないだろう。私たちはそれらをただの過去の遺物として安易にみようとする傾向がある。そのような俗信自体は、それだけならたいして悪影響はないかに見えるが、個々の人間の関係の中に忍び込んでくるために、個々の人間の行為だけでなく、全体としての人間のあり方をも規定してしまうほどの意味をもっているのである。男女関係のあり方と俗信・迷信のあり方、そして互酬関係についてこのような姿勢をとりつづけるかぎり、日本人は全体としての自己批判を可能にするような自己意識、個人と人格のあり方をつくりあげることはできないだろう。

ここで最初の問題に戻って考えてみると、カントが『啓蒙とは何か』で述べている個人の生き方がわが国で困難なのは、個々の人間が特定の団体や親族関係などのしがらみ、つまり「世間」の中に位置づけられ、世間の中で初めて自己を意識し、主張しうる場ができるという構図があるためである。その世間というしがらみを無視して自分の意見を主張したりすれば青二才《あおにさい》の者の行為として貶《おとし》められ、その批判に耳をかすものは極めて少なくなるだろう。わが国で、学者の間ですら論争が少ないのも、そこに原因があり、敢えてそのようなしがらみを破ろうとすれば、人間としての全存在を否定されるような結果を招きかねない。基本的には個人の努力は評価しながらも、全体の中で目だたないことが求められ、能力があることを誇ったり、結果としてそれが現われてしまうと、本人は常に頭を低くしていないと酷《ひど》い目にあわされることがある。これはいわば部族社会や身分制社会の人間関係であり、内部においては各人に平等な位置を与えようという姿勢であるかぎりで評価しうる面をもっているが、たとえば談合のばあいのように、そこにかかわらない第三者が犠牲者になるばあいが多いのである。(54)

このような人間関係のあり方は、わが国における個人や人格の位置づけと極めて深い関係にある。本章は、ヨーロッパ中世において個人・人格が形成されてくる出発点を展望しようとしたものであるが、贖罪規定書にみられるように、部族社会の俗信や慣習、迷信から離脱することが個人の責任において求められ、それが同時に教会の名のもとで強制されている点に注目しなければならない。男女の性関係は、個人と集団の関係の中で重大なつながりをもつものであり、俗信や迷信からの離脱と男女の性関係の規制には深い関係がある。性関係においては人間が自然から離脱しようとしたことと、俗信や迷信にみられる古来の伝統的宇宙観からの離脱は、並行して行われているように見える。わが国では、その何れもが離陸にいたらず、今日に及んでいる。そのこと自体は決して遅れでも未開を意味するものでもない。問題は、男女の性関係と人間の自然との関係をどのようにバランスをとりながら位置づけて行くか、にあるのだろう。その点で、個々人の性的関係に国家・教会が介入したヨーロッパの事例は、極めて大きな実験として意味をもつものである。

ヨーロッパ近代社会が形成される前に、快楽を拒否する社会体制があったのであり、そのことはルネサンス以後快楽が肯定されるようになってからも、大きな影響を残して今日に至っている。ここでは快楽というばあい、性的関係だけしかあげられなかったが、その他にも人間関係の中でそれと近い関係もあり、私たちはそのような問題にこれまで触れることなく過ごしてきたのである。

フーコーの言葉をもう一度引用しておこう。「個人としての人間は、長いこと、他の人間たちに基準を求め、また他者との絆を顕示することで（家族、忠誠、庇護などの関係がそれだが）、自己の存在を確認してきた。ところが、彼が自分自身について語り得るかあるいは語ることを余儀なくされている真実の言説によって、他人が彼を認証することとなった。真実の告白は、権力による個人の形成という社会的手続きの核心に登場してきたのである」[55]。贖罪規定書は、まさにこの手続きを促進するために作成されたものであった。告白の中で個人は自分の行為を他人の前で語らねばならないのである。自己を語るという行為こそ、個人と人格の形成の出発点にあるものだからである。たとえ強制されたものであったにせよ、そこには自己批判の伝統を形成する出発点があった。ヨーロッパ近代社会における個人と人格は、まさにこの時点で形成されつつあった、といってよいだろう。公開の贖罪や巡礼といった形ではなく、秘密の告白のなかで個人が自己の罪を説明するという仕方の背後には、超自然的なものと社会との関係の大きな変化があったのだが[56]、この問題については機会を改めて考えることにしたい。

私たちは今もなお、世間という枠組を通して、自己の基準を他の人間との関係においていないだろうか。ヨーロッパは古代末期から中世にかけてこの点で大きな変革を行ったのである。その功罪を論ずることはまた別の話になるが、私たちがヨーロッパを範としてわが国における個人の形成の未熟さを嘆いても始まらない。ヨーロッパは自らの道を歩んだのであり、私たちはまた自らの道を歩まねばならないのである。[57]

注

一

(1) カント『啓蒙とは何か』篠田英雄訳　岩波書店　七頁

(2) Blickle, Peter, Kommunalismus, Parlamentarismus, Republikanismus. *Historische Zeitschrift*. Bd. 242 H. 3, 1986, S. 529f.

(3) 阿部謹也「歴史における人格の問題再論」、『社会史研究』8、一九八八年、『社会史とは何か』筑摩書房　一九八九年

(4)「歴史における人格の問題再論」、『社会史研究』8、二一四頁

(5) Ariès, Philippe, *Essais sur L'histoire de la mort en Occident du Moyen Age à nos jours*. Paris 1975, p. 21 ff. Rheinfelder, Hans, *Das Wort Persona*. Halle 1928.

(6) Gurjewitsch, Aaron J., *Das Weltbild des mittelalterlichen Menschen*. München 1980, S. 327 ff. グレーヴィッチのアリエス批判は次の論文で示されている。Gurjewitsch, Die Darstellung von Persönlichkeit und Zeit in der mittelalterlichen Kunst (in Verbindung mit der Auffassung vom Tod und der jenseitigen Welt), *Architektur des Mittelalters. Funktion und Gestalt*, hrsg. v. F. Möbius und E. Schubert, Weimar 1984, S. 87 ff.

二

(1) Gurjewitsch, *Das Weltbild des mittelalterlichen Menschen*. S. 188.

(2) Gurjewitsch, *a. a. O.*, S. 190.

（3） Gurjewitsch, *a. a. O.*, S. 191.
（4） Gurjewitsch, *a. a. O.*, S. 193.
（5） 阿部謹也『中世賤民の宇宙』筑摩書房　一九八七年　一八四頁
（6） Gurjewitsch, *a. a. O.*, S. 194.
（7） Gurjewitsch, *a. a. O.*, S. 199.
（8） Gurjewitsch, *a. a. O.*, S. 335.
（9） Schlossmann, Siegmund, *Persona und ΠΡΟΣΩΠΟΝ im Recht und im christlichen Dogma.* Leipzig 1906, S. 11 ff. ここでグレーヴィッチがマルセル・モースの人格に関する研究を参照していることに注目したい。モースは「人間精神の一つの範疇・人格の概念《自我》の概念」のなかでプエブロ族、北西部アメリカインディアン、オーストラリア、ラテン人の《ペルソナ》、インド、中国などを扱い、とくにペルソナとキリスト教における人について論じている。『社会学と人類学』Ⅱ　有地亨・山口俊夫訳　弘文堂
（10） Misch, Georg, *Geschichte der Autobiographie.* II. *Das Mittelalter.* Frankfurt a. M. 1955, S. 7 ff. S. 529.
（11） Pernoud, Régine, *Les Saints au Moyen Age: La sainteté d'hier est-elle pour aujourd'hui?* Paris 1984, p. 27 f. Vauchez, André, Der Heilige, in "*Der Mensch des Mittelalters*", hrsg. v. Jacques Le Goff, Paris 1989, S. 340 ff.
（12） Ariès, Philippe, *L'enfant et la vie familiale sous l'ancien régime.* Paris 1960.『〈子供〉の誕生』杉山光信他訳　みすず書房
（13） Gurjewitsch, *a. a. O.*, S. 346.
（14） Gurjewitsch, *a. a. O.*, S. 347.

(15) Gurjewitsch, *a. a. O.*, S. 347.

(16) Gurjewitsch, *a. a. O.*, S. 349.

(17) 個人の問題について西ドイツの歴史学がこれまで全く扱ってこなかったわけではない。すでに一九五六年にオットー・ブルンナーは、「ヨーロッパ社会史の問題」の中で、「私は社会史を一つの考察様式とみるのであるが、政治史が政治的行為すなわち〔国家ないしその支配者の対外的ないし対内的な〕自己主張を対象とするのに対し、社会史では人間諸団体の構造、その内部的仕組みが前景に立つ。だがどちらの場合もやはり人間が本来の対象である」（オットー・ブルンナー『ヨーロッパ――その歴史と精神』石井紫郎他訳　岩波書店　一一七頁）と述べている。ブルンナーのこの主張は少しのち一九六七年にカール・シュミットの「初期中世における人間と共同体の関係について」(Karl Schmid, Über das Verhältnis von Person und Gemeinschaft im früheren Mittelalter, in “*Gebetsgedenken und adliges Selbstverständnis im Mittelalter*”, 1983, S. 363 f.) という論文の中で、プロソフォグラフィー（個別的人間の研究）の視点から考察されている。シュミットは国王や司教、伯、コーメス、司祭、裁判官などを対象とするプロソフォグラフィーを考えているのである。そこでは個々人の確定が先ず第一の問題になっている。それより一〇年前の一九五七年にゲルト・テレンバッハはフライブルク大学学長就任講演「初期中世把握のための人物研究の意味について」(Gerd Tellenbach, Zur Bedeutung der Personenforschung für die Erkenntnis des früheren Mittelalters, in “*Ausgewählte Abhandlungen und Aufsätze*”, Bd. III, 1988, S. 943 f.) の中で「過ぎ去った時代の個々の人間の生涯の研究と叙述は、歴史学のもっとも崇高な課題の一つである。なぜならどの世代においても、自分達の運命を意識する中で、過去の人々がその人間としてのあり方の可能性をどの様に感じ取っていたのか、という深い共感が活発に芽生えて来るからであり、歴史意識はまさに過去を現在に引き寄せ、未来に伝えて行こうとしているからである」と述べている。テレンバッハは、現代の人間存在に関する意識が、過去の人間のあり方の可能性への深い共感を生み出すといっている。その意味ではテレンバッハの関心は、おそらく私達のそれと形式のうえではよく似ているといってよいであろう。しかしながらテレンバッハがここで考えているのは、かつてヘルムート・グレーフェが行った、『人間研究に基づくアレキサンダーの帝国』のようなものであり、制度がそれ自体で十分に機能せず、人間関係の中ではじめて機能し得た初期中世については、国家、社会の研究も人間研究を抜きにしては成り立ち得ないということなのである。もとよりテレンバッハは、かつてブルックハルトが述べたように、世界と自分の両面に向ける人間の意識の二つの面は、全体を覆うヴェールのもとで、夢のように半ばしか目覚めていないのであり、当時の人間は人種、国家、国民、党派、家族あるいはなんらかの一般的なものの形の中においてのみ認められたというような考えを支持してはいない。集団の意識は、中世よりも二十世紀における方がはるかに強力なのだ、とまで言っている。こうしてテレンバッハの研究は、人間研究に基づく国家、社会の研究を志向する限りで、全体としては私達の目的と同一方向にあるのだが、手続きと短期的目的としては国王を取り巻く人間達や、伯の取り巻きなどについて先ず個人名の確認から始めようとする、壮大かつ着実なものであり、冒頭で述べたような私達の関心に直接に答えるようなものではないのである。

カール・シュミットの研究も基本的には同じ方向のものであり、有益な論文も数多くあるが、私達の関心に直接答えてくれるようなものではない。一九八八年にカール・シュミットに捧げられた二九名の寄稿者からなる論文集（*Person und Gemeinschaft im Mittelalter: Karl Schmid zum fünfundsechzigsten Geburtstag*. Sigmaringen 1988.）も注目すべき論文を含んでいるとはいえ、私達の関心に直接答えてくれるものとはいえないのである。

三

（1）Brown, Peter, *The Cult of the Saints: Its Rise and Function in Latin Christianity*. SCM Press

Ltd., 1981.

（2） Brown, *op. cit.*, p. 51.

（3） Brown, Peter, *Body and Society: Men, Women and Sexual Renunciation in Early Christianity*. Columbia University Press, New York 1988, p. 10.

（4） Brown, *Body*, p. 27, 432.

（5） Brown, *Body*, p. 28.

（6） Brown, *Body*, p. 29.

（7） Brown, *Body*, p. 85.

（8） Brown, *Body*, p. 85.

（9） Brown, *Body*, p. 92.

（10） Brown, *Body*, p. 132.

（11） Brundage, J. A., *Law, Sex and Christian Society in Medieval Europe*. University of Chicago Press, 1987, p. 20 ff.

（12） Brown, *Body*, p. 168.

（13） Brown, *Body*, p. 171.

（14） Brown, *Body*, p. 191.

（15） Brown, *Body*, p. 195.

（16） Brown, *Body*, p. 196. この問題についてはBrown, Peter, The Rise and Function of the Holy Man in Late Antiquity, *Society and the Holy in Late Antiquity*. University of Chicago Press, 1982, p. 103 ff. を参照。

（17） Brown, *Body*, p. 142.

(18) Brown, *Body*, p. 216.
(19) Brown, *Body*, p. 220.
(20) Brown, *Body*, p. 228.
(21) Brown, *Body*, p. 231.
(22) Brown, *Body*, p. 246.
(23) Brown, *Body*, p. 255.
(24) Brown, *Body*, p. 256.
(25) Brown, *Body*, p. 35.
(26) Brown, *Body*, p. 39.
(27) Brown, *Body*, p. 429.

四

(1) Steblin-Kamenskij, M. I., *The Saga Mind*. Odense University Press, 1973, p. 49 ff.『サガのこころ』菅原邦城訳　平凡社　八七頁。本論文執筆後に訳書が刊行されたので訳文は本訳書にはよっていない。
(2) Steblin-Kamenskij, *op. cit*., p. 64. 同上訳書　八八頁
(3) Steblin-Kamenskij, *op. cit*., p. 65. 同上訳書　八八頁
(4) Steblin-Kamenskij, *op. cit*., p. 65. 同上訳書　八九頁
(5) Steblin-Kamenskij, *op. cit*., p. 67. 同上訳書　九一頁
(6) Sφrensen, Preben Meulengracht, *The Unmanly Man: Concepts of Sexual Defamation in Early Northern Society*. Odense University Press, 1983, p. 9 ff.

（7）ステブリン＝カーメンスキイ『神話学入門』菅原邦城・坂内徳明訳　東海大学出版会

（8）同書　一二九頁

（9）同書　一三〇頁

（10）中世の聖書やグレゴリオ聖歌についても同じことがいえるかもしれない。いずれのばあいも本文（内容）に手をつけることができないために聖書の欄外に数多くのコメントをつけたり、グレゴリオ聖歌の主旋律に別の旋律を付け加えるモテトゥスやトロープスを用いたりする例がみられるからである。

（11）同書　一三二頁

（12）同書　一三九頁

五

（1）Morris, Colin, *The Discovery of the Individual, 1050-1200*. University of Toronto Press, 1987, p. 10.

（2）Morris, *op. cit.*, p. 21.

（3）Morris, *op. cit.*, p. 24.

（4）Johannes von Lodi, Vita B. Petri. Damiani. J. P. Migne, *Patrologiae Latinae ... Cursus Completus*, Bd. 144. Sp. 1151.

（5）Duby, Georges, L'émergence de l'individu: Situation de la solitude XIe-XIIIe siécle, *Histoire de la vie privée*, sous la direction de Philippe Ariès et Georges Duby. Paris 1985, p. 503 ff.

（6）Bertini, Ferruccio（Hrsg.）, *Heloise und ihre Schwestern*. Acht Frauenporträts aus dem Mittelalter. München 1989, S. 100.

（7）ミシェル・フーコー『知への意志』「性の歴史」1　渡辺守章訳　新潮社　七六頁

（8） 阿部謹也『西洋中世の罪と罰』弘文堂 一九八九年 一三六頁。Ullmann, Walter, *The Carolingian Renaissance and the Idea of Kingship*. London 1969, p. 5 ff.

（9） 阿部謹也『西洋中世の罪と罰』弘文堂 一三七頁以下

六

（1） アウグスティヌス「結婚の善」、『アウグスティヌス著作集』七 岡部昌雄訳 教文館 二四〇頁

（2） Payer, Pierre J., *Sex and Penitentials: The development of a Sexual Code 550-1150*. University of Toronto Press, 1984, p. 7.

（3） Oakley, Th. P., The Poenitentials as sources for Medieval History. *Speculum*. 15, Nr. 2, 1940, p. 210 ff., Payer. *op. cit.*, p. 55. Brundage, J. A., *Law, Sex and Christian Society in Medieval Europe*. University of Chicago Press, 1987, p. 152 ff.

（4） Schmitz, Herm. Jos., *Die Bussbücher und die Bussdisciplin der Kirche: Nach handschriftlichen Quellen dargestellt*. Bd. I. Graz 1958. *Die Bussbücher und das kanonische Bussverfahren: Nach handschriftlichen Quellen dargestellt*. Bd. II. Graz 1958.

（5） *Patrologia latina*, ed. J. P. Migne, Tomus LVI, 1865.

（6） Wasserschleben, Friedrich Wilhelm Hermann, *Die Bussordnungen der abendländischen Kirche nebst einer rechtsgeschichtlichen Einleitung*. Halle 1851.

（7） Payer, *op. cit.*, p. 58.

（8） *MGH*, Concilia 2. 633. n. 50.

（9） Sed tamen non omnia crimina debet et innotescere, quoniam multa vitia recitantur in paenitentiale quae non decent hominem scire. Ideo non debet eum sacerdos de omnibus interrogare, ne forte cum ab illo recesserit, suadente diabolo in aliquod crimen de his quae ante nesciebat cadat. (De Clercq. C., La législation religieuse franque de Clovis à Charlemagne. I 345. *PL* 105, 219 B. zitiert nach Payer, *op. cit.*, p. 177. n. 6.)

(10) Payer, *op. cit.*, p. 20.

(11) Payer, *op. cit.*, p. 161.

(12) Payer, *op. cit.*, p. 161.

(13) Si quis cum uxore alterius adulteraverit epicopus XII ann., III ex his i. pane et aqua et deponatur, presbyter X, III ex his in pane et aqua et deponatur. Diaconus et monachus VII, III ex his i. p. et a. et deponatur. Clericus et laicus V ann. paenit, II ex his i. p. e. a.; hii supra scribti a communione priventur. Post actam paenit, reconcilientur ad communionem, nam ad sacerdotium nunquam accedant. Schmitz, *Die Bussbücher*, Bd. II, S. 222. 3.

(14) Payer, *op. cit.*, p. 24. グレゴリウスはカンタベリーのアンセルムスに答えるなかで、生理中の女性との性行為は出産に結びつかないから禁ずべきだといっている。しかし生理中の女性が教会で聖餐《せいさん》をうけられるかという問いに対しては、生理は自然のものであるから、教会に入るのを妨げてはならないといっている。しかし聖餐については禁ずべきではないが、あえて聖餐を受けないようにしている女性の決心は讃えるべきであると微妙ないい方をしている。Payer, *op. cit.*, p. 35.

(15) Payer, *op. cit.*, p. 25. Brundage, *op. cit.*, p. 155 ff.

(16) Payer, *op. cit.*, p. 26.

(17) 8. Effundens semen in os femine, III annos peniteant; si consuetudine adsueti fuerint, VII annos peniteant. Mechantes in labiis, III annos peniteant si vero in femoribus. V annos peniteant. Schmitz, *Die Bussbücher*, Bd. II, S. 185.

(18) 43. Si quis fornicaverit cum vidua patris sui, aut vidua barbani sui, aut cum germana sua aut cum cognata sua, aut pater turpitudinem filii sui revelaverit, aut cum filiastra sua, X ann. peregrinus peniteat, II ex his i. p. e. a., ... Schmitz, *Die Bussbücher*, Bd. II, S. 362.

(19) ... et si peregrinare non potest, pro uno anno det solidos XII. Si laicus est, tundatur et dimittat hominem liberum. Schmitz, *Die Bussbücher*, Bd. II, S. 362.

(20) Payer, *op. cit.*, p. 32.

(21) Payer, *op. cit.*, p. 167. n. 78.

(22) Si vir et mulier coniunxerint se in matrimonio et postea dixerit mulier de viro non posse nubere cum ea, si quis poterit probare quod verum sit accipiat alium. Schmitz, *Die Bussbücher*, Bd. II, S. 547.

(23) Payer, *op. cit.*, p. 34.

(24) Payer, *op. cit.*, p. 41.

(25) Animalia autem coitu hominum polluta occidantur, carnesque canibus proiciantur; sed quod generant sit in usu et coria adsumanntur. Ubi autem dubium est, non occidantur. Schmitz, *Die Bussbücher*, Bd. II, S. 545., Brundage, *op. cit.*, p. 166 ff.

(26) 17. Si autem perseveranter concupivit et non potuit, quia non suscipit eum mulier sive erupuit dicere, jam mechantus est eam in corde suo, sed in corde et non in corpore; unum est peccatum per corpus et animan, sed non eadem penitentia est; penitentia ejus haec est: XL dies peniteat cum pane et aqua. Schmitz, *Die Bussbücher*, Bd. II, S. 504.

(27) Payer, *op. cit.*, p. 50.

(28) Payer, *op. cit.*, p. 178.

(29)　ヴォルムスのブルヒャルトの贖罪規定書にはかなり多くの手書本がある。それらの種類については、Fransen, Gérard, Le Décret de Burchard de Worms: Valeur du texte de l’édition, Essai de classement des manuscripts. *Zeitschrift der Savigny-Stiftung für Rechtsgeschichte*, Kanonistische Abteilung LXIII. 1977, S. 1 ff. を参照。Concubuisti cum uxore tua rel cum alia retro, canino more? Si fecisti, decem dies in pane et aqua poeniteas. Schmitz, *Die Bussbücher*, Bd. II, S. 421.

(30)　Junxisti uxori tuae menstruo tempore? Si fecisti, decem dies in pane et aqua poeniteas. Mulier tua si intraverit ecclesiam ante mundum sanguinem post partum, tot dies poeniteat, quot ecclesia carere debuerat. Si autem concubuisti cum ea his diebus, viginti dies in pane et aqua poeniteas. Schmitz, *Die Bussbücher*, Bd. II, S. 421.

(31)　Concubuisti cum uxore tua postquam infans motum in utero fecerat? Vel saltem XL dies ante partum? Si fecisti XX dies in pane et aqua poeniteas. Schmitz, *Die Bussbücher*, Bd. II, S. 421.

(32)　Concubuisti cum uxore tua post manifestatem conceptionem? Decem dies in pane et aqua poeniteas. Schmitz, *Die Bussbücher*, Bd. II, S. 421.

(33)　Concubuisti cum uxore tua die domina? Quatuor dies in pane et aqua poenitere debes. Schmitz, *Die Bussbücher*, Bd. II, S. 422.

(34)　Coinquinatus es cum uxore tua in Quadragesima? XL dies in pane et aqua poenitere debes, aut XXVI solidos in eleemosynem dare. Si per ebrietatem evenit, XX dies in pane et aqua poeniteas. Viginti dies ant Natalem Dominis, et ommes dies Dominico, et in omnibus legitimis jejuniis, et in natalitiis apostolorum, et in praecipuis festis et in publicis, castitaten debes custodire. Si autem non custodisti, XL dies in pane et aqua poeniteas. Schmitz, *Die Bussbücher*, Bd. II, S. 422.

(35)　Payer, *op. cit.*, p. 35.

(36) Duerr, Hans Peter, *Nacktheit und Scham, Der Mythos vom Zivilisationsprozess*. Frankfurt a. M. 1988, S. 38 f., Berger, Renati, Hammer-Tugendhat, Daniela, *Der Garten der Lüste: Zur Deutung des Erotischen und Sexuellen bei Künstlern und ihren Interpreten*. Köln 1985, S. 10 ff. Hilka, Alfons, Schuman, Otto, *Carmina Burana*. I. Bd. Heidelberg (1930-41) 1970. 1978, II. Bd. (1930) 1961.

(37) Le Roy Ladurie, Emmanuel, *Montaillou, village occitan de 1294 à 1324*. Paris 1975, p. 62.

(38) Schmitz, Bd. II, S. 423. 阿部謹也『西洋中世の罪と罰』弘文堂 一七九頁

(39) Schmitz, Bd. II, S. 423. 前掲書 一八〇頁

(40) Schmitz, Bd. II, S. 424. 前掲書 一八一頁

(41) Schmitz, Bd. II, S. 425. 前掲書 一八二頁

(42) Schmitz, Bd. II, S. 425. 前掲書 一八二頁

(43) Schmitz, Bd. II, S. 430. 前掲書 一八七頁

(44) Schmitz, Bd. II, S. 432. 前掲書 一九〇頁

(45) Schmitz, Bd. II, S. 432. 前掲書 一九一頁

(46) Schmitz, Bd. II, S. 432. 前掲書 一九六頁

(47) Schmitz, Bd. II, S. 442. 前掲書 一九七頁

(48) Schmitz, Bd. II, S. 442. 前掲書 一九七頁

(49) Schmitz, Bd. II, S. 443. 前掲書 一九七頁

(50) Schmitz, Bd. II, S. 445. 前掲書 一九九頁

(51) Schmitz, Bd. II, S. 448. 前掲書 二〇一頁

(52) Schmitz, Bd. II, S. 451. 前掲書 二〇四頁

(53) Schmitz, Bd. II, S. 452. 前掲書 二〇五頁

(54)　ヨーロッパにおける公的なるものの成立についてはかつて論じたことがあった。阿部謹也「死者の社会史」、『中世賤民の宇宙』筑摩書房　一九八七年、一一一頁以下。公的なるものと個人との関係については兄弟団や身分制の問題から接近する道もある。別な機会にその道をもあらためて探ってみたい。特に喜捨・寄進Stiftungとの関連に注目する必要があるだろう。

(55)　ミシェル・フーコー『知への意志』渡辺守章訳　新潮社　七六頁

(56)　Brown, Peter, Society and the Supernatural: A Medieval Change, *Society and the Holy in Late Antiquity*. University of Chicago Press, 1982, p. 327.

(57)　ヨーロッパにおける男女の性的関係は以上みてきたような中世における快楽の拒否という決定的段階をへて、のちの清教徒の間で特異な形で突出してくることになる。ホーソーンの『緋文字』はその典型といえるであろう。この作品は、ヨーロッパとその伝統をうけついだアメリカにおいて、快楽の拒否とそれにかかわる罪の意識からの脱却が容易ではなかったことを示しているともいえよう。この作品においては性の問題が個人の人格と深く結びついた形で示されており、以上みてきたような歴史的文脈のなかで再評価する必要があるだろう。阿部謹也『西洋中世の男と女』筑摩書房　一九九一年を参照。

Ⅲ　神判の世界とケガレ

一　公と私の逆転

私たちは社会科学、人文科学のいずれを問わず、学問のすべての分野において西欧的な人格概念を前提にして議論をしている。しかし日常生活の分野においては、西欧的な人格概念ですべてを通すことは少なくとも日本国内においては不可能であることはすでに述べた。明治以降多くの人びとがこの問題に悩んできたが、この問題の根元を日本と西欧の歴史の中に求めた人は、それほど多くはない。金子光晴が「ねむれ巴里」の中でこの問題に悩み、高村光太郎が「出さずにしまつた手紙の一束」の中でこの問題に苦しんだこと、は前章で述べたとおりである。ここでは日本と西欧における個人と社会の関係について考察してみたい。西欧の個人については、W・H・オーデンの詩が最も雄弁に語っている。

私の鼻先三〇インチに
私の人格の前哨線がある。
その間の未耕の空間は
私の内庭、直轄領
枕を共にする人と交わす

親しい眼差しで迎えない限り
異邦人よ、無断でそこを横切れば
銃はなくとも唾を吐きかけることもできるのだ。[1]

コリン・モリスは、このような感覚は欧米人には極めて自然なものであり、誰にでも素直に了解されるものだという。[2] 事実、欧米ではたとえ親しいものの間であろうと、後ろからぽんと肩を叩くようなことは極めて失礼なこととされている。人の周囲三〇インチ以内に侵入することは、相手の人格の領域を侵すことだからである。『赤と黒』の中にも、ジュリアン・ソレルが見知らぬ人にいきなり肩を触れられて激怒する場面があった。しかし日本では、後ろからぽんと肩を叩くことは親しさの表現としてなんの問題もない。朝鮮では初対面の人でも互いに身体に触れながら話をしたり、飲んだりするばあいが多いときく。いずれも欧米人の感覚とは大きく離れているのである。

欧米における個人のあり方について、カント『啓蒙とは何か』の中の一節はすでに紹介した。もう一度おさらいしておこう。つまりこうである。

軍人が上官から命令を受けたばあい、その命令が適切か否かを論議しようとするならば困った事態になるであろう。軍人は上官の命令には従わなければならないからである。しかし彼が軍務を離れて上官の命令の適否を論じ、公衆一般の批判に委ねることを禁ずるのは不当である。軍人が上官の命令に服するのは、彼の理性を私的に使用したばあいであり、上官の命令を批判する自由は、まさに彼の理性の公的な使用によるものだからだ(3)。

日本ではおそらく逆になるであろう。上官の命令に従うことが軍人の理性の公的な使用であり、批判するのは私的な理性の使用によるものだ、ということになるだろう。現在でも自衛隊員が自衛隊の存在について批判する道は閉ざされているし、企業内部の者が公的な場で企業内部の不正を暴《あば》こうとすれば職を賭《と》さなければならない。公と私が、このようにヨーロッパと日本では逆転しているのである。

どうしてこういうことになるのかを考えてみると、日本人の個人と社会（世間）のあり方がヨーロッパのそれとはかなり異なっているからである。明治以降西欧化されていない、またされ得ないかも知れない部分を遅れた陰の部分として、見ないようにしてきたからなのである。そこでこの章においては、まず日常生活の中で西欧人には理解しがたい部分をいくつかあげ、その根源を日本と西欧の歴史の中に探ってみたい。とくに日常生活の中における日本人の行動の背後にある、聖と俗の関係のあり方とその変化、に注目してみたい。

新聞紙上などでしばしば見られる光景であるが、なんらかの不祥事《ふしょうじ》を起こした政治家などが新聞記者を前にして、「自分は無実であるが世間を騒がせて申し訳ありません」と謝罪することがある。この言葉をそのまま西欧の言語に訳すことはできない。自分が無実であるなら、謝罪する必要はないのであって、世間が納得するまで主張し続けるということになるであろう。ではなぜ日本ではこのようなばあい、世間を騒がせて申し訳ありませんという謝罪の言葉が必ず聞かれるのだろうか。この問題の背後には長い歴史があり、それはまさに日本人独得の聖と俗の関係の中で生まれてきたものなのである。その歴史を掘り起こしてはじめて、私たちは自分たちの行動の根拠を知ることができるのである。

似たようなことは他のばあいにも見られる。たとえば、甲子園に出場する予定の高校の生徒がなんらかの事件を起こし、警察沙汰になったばあい、事件とはなんの関係もない野球部が甲子園出場を取りやめることもしばしば見られるケースである。

親子の関係の中にも同様なことが起こりうる。成人した息子や娘のしたことに対して親が責任を問われるのが日本の社会であり、ベイルート空港でテロ行為をした息子に代って父親が謝罪し、浅間山荘事件のときにはたてこもった人びとの親が呼びだされてマイクをもたされている。

こうした事態の背後にも、日常生活の中に残っている聖なるものと俗なるものとの未分離の関係がある。いずれも日本人における個人と社会（世間）の関係によって決まってくることであり、歴史的な展望の中で捉えなければ十分には理解できないものなのである。

二　いまも呪術的な世界が――日常生活の次元で

日本人の人間関係の奥底に、いまでも呪術的な世界観があり、それぞれの人が気付いていないところで人々の行動を規定していることは、さまざまな事例にみてとることができる。日常生活の中からいくつかの事例を挙げてみよう。

ときどき新聞紙上で郵便受けの中に数万円が投げ込まれている事件が報道されることがある。多くのばあい五万円程度であるが、投げ込まれた人は警察に届け出るので明るみに出ることになる。よほど特別なばあいを除いて投げ込んだ人が判明することは少なく、気味の悪い事件として記憶に残る程度である。このような事件は欧米ではほとんど見られないようだが、どのように解釈すべきであろうか。私はここに日本人の人間関係を規定している世界観の独自な形が示されていると思うのである。

匿名《とくめい》の人間から五万円投げ込まれたとき、人はどのような反応をするだろうか。そこから考えてみる必要がある。一般的には日本人は気味が悪いと感ずるであろう。誰か解らない人から五万円貰うということが、気味が悪いのである。それは一体なぜなのかを考えてみると、その背後には日本人の人間関係を規定している贈与《ぞうよ》・互酬《ごしゅう》の関係があることが解るだろう。日本人は日常的に人と人の間で、あるいはあらゆるモノの背後にある神々との間で、贈与・互酬の関係を結んでおり、その関係は日常生活のあらゆる場面に及んでいる。貰ったらお返しをすることが原則であり、お返しをしない人間は大人とはいえないのである。ところがこの五万円に関しては、相手が解らないからお返しをすることができない。このようなばあい、贈与・互酬の関係が単に人間と人間の間であるだけでなく、呪術的な関係を伴う人間関係でもあることが問題になる。もし五万円を懐《ふところ》にいれてしまえば、目に見えない相手に対してお返しを迫られる可能性がある。このお返しは相手が人間であるか、神であるか解らない以上、どのような形になるのかも予測できない。自分や家族が病気になったり、事故にあったり、事業に失敗するという形のお返しを迫られるかも知れないのである。だから多くの日本人は、このようなばあい、警察に届け出る。こうして、世間に対して自分が受け取っていないことを明らかにし、不測《ふそく》のお返しを免れようとするのである。

私はこのように考えるが、ある学会の席上で日本の人類学者からこのような理解に対して反論があった。五万円を自分の物にせず、警察に届けるのは、そこに犯罪の臭《にお》いがするからであって、お返しの必要を感じ、それに対する不安があるからではない、というのである。犯罪という概念をどのように捉えるのかにも問題があるが、見ず知らずの人に金銭を贈るということが直ちに犯罪であるとすれば、犯罪という概念を大幅に広げなければならないであろう。通常犯罪というばあいは金銭を奪う行為を指すのであって、与える行為ではない。五万円の贈り主がなんらかの犯罪で得た金であると想定するというのがこの人類学者の意見であるが、それは確かではないのである。これまでにかなりの数の同様な事件が起こっているが、そのほとんどは贈り主が解らず、解っている少数のばあいも犯罪とは関係がない。いずれにしても、犯罪に絡《から》んだ可能性がある金だから気味が悪いのではなく、贈り主が解らないから気味が悪いのである。たとえ明らかに犯罪に絡んでいることが解っていても、贈り主さえはっきりしていれば、多くの人が金を受け取ることは、リクルート事件などではっきりしているのである。

見知らぬ人に金を贈る側の事情は、これまで明らかにされているとはいえないが、なんらかの事情で大金が入ったばあい、すべてを自分の物にしてしまうことによって幸運を独り占めすることになり、かえって危険を引き受けることになる、という配慮も働いているかも知れない。いずれにしてもこのような人間関係の背後には、贈与物には贈り主の霊がある、という考え方があるだろうし、人と人との関係の背後には呪術的な絆《きずな》がある、という考え方があることも確かである。

このようなばあいだけではない。日常的にみられるものに、八幡神社から配られる人形《ひとがた》がある。町会が配っているのだからかなり公的な性格をもっているとみられるが、年に一度家族全員の人形が配られてくる。それに名前を書いて八幡神社に納めると、家族の健康などの祈願が叶《かな》えられるとされているのである。私が知っているある生物学者は著名な人だが、やはり気味が悪いので塵箱《ちりばこ》に捨てるわけにもいかず、困っている、と語っていた。塵箱に捨てたばあい、万一、家族の者の健康などに支障が生じたとき、因果関係が気になるからというのである。

わが国では信教の自由が認められているはずであるから、どのような信仰でも認められなければならない。しかし町会が八幡信仰の末端機関になっていることは全国的にみられるものであり、これは容易ならぬ問題である。このことはたんに信仰の分野だけでなく、一般の習俗にも見られるのである。たとえば入試の時期になると神社に大量の絵馬が捧げられる。多くの若者が合格の祈願をしているのである。神社でお祈りをしたり、おみくじをひいたりするだけでなく、正月には神社に参詣する人も多い。葬式は仏式や神式で執り行ったりすることもごく当り前なこととして行われている。私たちはこのような日常の光景を見直してみる必要があるだろう。

私たちは、このようにして、日常的に神々と深い関係を結んでいるのである。ただ生活そのものはかなり近代化されているから、もはやガスレンジの上に竈《かまど》の神の札はなく、神棚《かみだな》のある家も少なくなっている。外見上は世俗化が進行しているにもかかわらず、日常の振舞いや行動の中では、神々は相変わらず重要な生活の節目節目《ふしめふしめ》に姿を現わしている。建設現場の地鎮祭《じちんさい》、棟上《むねあ》げ式、その他の近代建築の現場においても、神々は不可欠なものなのである。

この種の神々の存在は、人によっては古めかしい遺物であり、ほとんど気にかけなくても良いものと見なされるであろう。儀礼的に営まれているだけであって、時候の挨拶以上のものではないという人も多い。たとえそのようなものであったとしても、存在していることの重要性に私は目を向けたいと思っているのだが、それはこの種の神々が、一見したところなんの関係もないような人間関係の中においても、重要な意味をもっていることを無視できない、と考えるからである。

○○先生と○○さんと○○君という三通りの呼び方が、日常的に使われている。○○先生という呼び方は年長者に対する呼びかけであり、○○さんは同年齢または同格の者に対する呼びかけであり、○○君は自分より下の者に対する呼びかけの言葉である。注目すべきことに、この種の敬称の違いはひとつの集団内部において主として使い分けられているが、集団の外に対しては異なった使い方をするのである。たとえば社内の人間を社内で呼ぶばあいと、社外の人に対してその名を挙げるばあいでは、異なった呼び方をする。内部では肩書やさんをつけて呼ぶが、外の人に対してはさんづけでは呼ばないのである。

こうした敬称による区別の原点はすでに家の中にある。長男と次男、三男の間には決定的な差があり、最近はその差が小さくなっているとはいえ、今でも牢固として抜きがたいものがある。家族を紹介するばあいにこれが長男でこれが次男で……という形をとる。いうまでもなく西欧の言語には、長男、次男、長女、次女といった区別はない。年齢が上か下かはほとんど問題にならないのである。このような上下の意識は家の中だけでなく、学校やその他の組織においても、先輩後輩という形で大きな意味をもっている。会社の内部においても、入社年度という形で生涯にわたって互いの人間関係を定めているのである。同窓会も卒業年度ごとに固まり、結束を誇るのである。

小学生や大学生の間にも先輩後輩の意識が強く、互いに対等な人間関係を結ぶことができないのであり、それは企業や一般の社会の中にも広く行きわたっている現象である。現在の日本の社会においては、大学にも企業にも一種の社会的秩序が生まれており、東京への一極集中の進行とともにそれは全国的規模で拡大しつつある。このような状況の中で見知らぬ者が初めて出会ったとき、まず互いに相手の出身地を問い、ついで仕事あるいは会社を問い、まず個人の所属を明らかにしてから付き合いが始まることが多い。

結婚のばあいも出身大学が大きな意味をもっているし、結婚式は家と家の間で行われる。そこでは新婚の男女を知らない親の関係者が多く出席して、親について話が交わされるのである。このような人間関係のあり方は、私たちが日常的に見聞きしていることであり、戦後一時変わるかに見えながら、基本的にはほとんど変わっていないことを示している。

ところで、このようなことを列挙したのはなんのためか、というと、明治以降、とくに戦後の日本では民主主義や人権が表看板となり、個人の尊厳という言葉もあらゆる機会に用いられるようになっている。それらのいわばヨーロッパ伝来の理念と、以上、列挙した日本人の人間関係の特徴は、どのような関係にあるのかを問わなければならないからである。

私たちは明治以降ヨーロッパの個人（人格）の理念を受け入れ、それによって自己を表現しているつもりになってはいても、日常生活の次元では以上挙げたような人間関係の中で生きているのである。民主主義や人権といった言葉は、日常生活の次元ではどのようなものとして受け止められているのだろうか。このことを問わなければならないのである。

これまでインテリの世界では、この問題は問われたことがなかった、といってよいだろう。西欧の政治思想やその理念を受け入れながら、日本における政治思想の研究をしている著名な学者が、日常生活の次元では極めて貴族的であり、学生とは対等な付き合いをしない、ということなども知られており、民衆思想研究者として知られた学者が、有力出版社としかつき合わないと公言してはばからないといった例は、枚挙《まいきよ》に暇がないほどである。進歩的文化人といわれる人々の保守性とか貴族趣味などはいつも話題になるし、革新的思想の持ち主が日常生活においては極めて封建的、保守的であることなども、よく知られたことである。

この種の問題を個人の資質の問題として取り上げてもあまり意味はないだろう。むしろ人権とか民主主義といった理念が、日常生活の個人のレベルにおいては、何の力も持っていない点に注目しなければならないのである。個々人の間でなんらかの軋轢《あつれき》が生じたばあい、それが本当に人権に関わる問題であったとしても、人権問題だなどというと青二才《あおにさい》の者の言葉としか見なされないのであって、人権という言葉は日常生活の中で人の心を動かし、人の行動を変えるような衝迫力《しようはくりよく》をもっていないのである。

それよりは、そんなことをしたらあの人は貴方のことを一生恨みますよ、といった方がはるかに効果がある。なんらかの争いが起こったときに、人間は皆平等なのですから、などといっても争いの解決にはならないだろう。双方の意見を聞き、調停しなければならず、それぞれの面子《メンツ》がたつような解決方法を探らなければならないのである。そのようなときに、人は皆平等であるといった原則は、言葉の域を越えて現実の関係の中で実質的に捉えられることになり、そのばあい、言葉の厳密な意味での平等が貫かれるとは限らない。人権という言葉を使わなければどうしても表現できない状況や問題は数多く発生しているにもかかわらず、人権という言葉は、日常生活の中ではそれがなくては日々の暮らしが営めないような言葉としては、定着していない。人権という言葉を中心とした小説や戯曲にも、いまだ優れた作品が生まれていないのは、その事実を示しているといってよいだろう。

いずれにしても、戦前・戦後を通じて、ヨーロッパ風の人格概念や人権の思想を日本人の前述した人間関係の中で具体的にどのようにして生かすべきか、という問題については十分に考察されていないのである。会社内や地域の中における人権侵害や差別などについてはいうまでもないが、それ以前の問題もいまだに横行しているのである。

たとえば地上げ屋が横行した数年前に、一人暮らしの老人の家に地上げ屋が押し掛けて騒いだり、ドアーを叩き破ったり、暴行を働いたばあいもその地域の人権擁護委員が敢然として間に入り、地上げ屋の暴力から老人をかばったという話は全く聞いたことがない。また被差別部落民に対する差別の問題についても、人権擁護委員が決定的な役割を果したたという話も聞いたことがない。外国人労働者の過酷な労働条件や生活についても、人権擁護委員が闘っているという報告は耳にしたことがないのである。実際、人権擁護委員の制度は、人員配置の面でも予算の面でも全く名誉職的なものに終始しているのである。

人権という言葉は、まだわが国では日常生活の中でそれなくしては私たちが日々の生活を営むことのできない事柄を表わす言葉になっていないのである。人権擁護委員会が設置されたのは一九四九年であり、それから半世紀を経ていまだに名誉職的なものと評価されていることは、明らかにこの問題に関するわが国の状況を表わしているといえよう。

重要なのは、人権をめぐる問題がわが国では極めて多様な形で存在しているのに、それらの問題を人権の問題として捉えようとしてはいないという事実である。就職差別、男女間の差別、職場における差別、身障者に対する公的設備の未整備などの諸問題は、西欧においてはすべて人権の問題として捉えられている。それらの問題を人権擁護委員会がほとんど扱っていないということは、このような実状を表わしているといってよいだろう(4)。

ごく最近の例をひとつだけ挙げておこう。数名の自衛官が、掃海艇《そうかいてい》の中東派遣に抗議して防衛庁長官に面会を求め、逮捕されたことがあった。その間の詳細な事情は知らされていない。しかし掃海艇の派遣に反対する自由は誰にでもあり、それを表現する自由も誰にでもある。人権宣言はまさに表現の自由を掲げているのである。この事件を報道したマスコミも、表現の自由の問題として、人権問題として扱ってはいなかった。

数年前にアメリカにおいて星条旗を焼いた男性に対する最高裁判所の判決が出された。最高裁の判事はほぼ全員がその行為に反対であったが、判決は無罪であった。表現の自由は守らなければならない、という理由からであった。

このような表現の自由をめぐる議論は、わが国ではほとんど定着していない。それどころか親子心中に対する厳しい社会的批判がみられないことに示されているように、個人の生命の尊厳《そんげん》についても、社会の中に確固とした了解ができていないように思えるのである。以上、多様な例を挙げて人権の問題をめぐるわが国の状況を説明してきたが、問題はなぜ人権思想が定着しないのか、という点にある。人権思想の核心にあるのは個人の尊厳の思想であるが、すでに述べたように、わが国の人間関係の中では呪術的な関係がいまだに強く生きており、そのために一回限りの生命をもつ個人の尊厳という思想が定着しにくいのではないか、と考えられる。ヨーロッパで成立した人権思想の核心にはキリスト教の世界観がある。人間が現世において一回限りの生命をもち、死して永遠の救いに与るという教義は、世俗化された形で人権の思想とつながっているのであって、現世における生命の一回性が人権思想の根底にある。

ところが日本人の死生観の中では、人間は死してのち仏となり、山の中で暮らすと考えられており、西方浄土は比較的に身近な山に移し変えられている。死者仏《ししゃぼとけ》になることが人間の目的の一つであり、死して仏になることがもっとも重要な事なのであって、それに比べれば現世は仮の姿に過ぎないことになる。仮の姿に過ぎない現世に執着して、その次元でだけ人間を捉えるのではなく、彼岸《ひがん》での生まれ変わりをも見通しながら行動することが重視されているように思えるのである。日本人の行動様式や人間関係の中には、今もなお呪術的な関係が強く生き続けており、談合やその他の経済行為にまで影響を残している。しかしその点に関しては問題の所在自体が意識されていないように思えるのである。

以上挙げたような諸問題は、実は日常的にみられるものであるだけでなく、政治活動そのものの中にも常に存在する問題なのである。政治が日本の現在と将来のために行われるのであれば、そのための資質をもった政治家が選ばれなければならない。しかし現実には二世議員が自民党の議員の中で三七パーセントを占めているのである（一九九一年末の段階で）。ここには選挙区における特定の集団の利害が、政治や日本の行方よりも優先され、重視されていることが表われている。政治家の資質よりは後援会の存続の方が大切になっているからこそ、二世議員が増加しているのである。自民党総裁の選出のさいにも派閥の領袖《りようしゆう》の間での争いに焦点が集中するのも、結局、派閥の抱える議員数が問題であって、政策の違いではないからである。

ここにおいても政治理念不在の中で政治が営まれているのである。このようにいうと、それぞれの政治家の中にも見識のある人がおり、そのような人のもとに集まることによって政治理念が生かされるのだ、という反論がかえってくるであろう。しかし二世議員の問題やロッキードやリクルート事件などとの関わりも、いまでは記憶の中から薄れ、政治改革などというかけ声も小さくなっていることは明らかであり、国民が政治改革にはほとんど期待し得なくなっていることもまた明らかなのである。

一般的な政治の問題となれば新聞紙上には日本の政治を憂うる声がしばしば見られる。しかし日常生活の次元では、右であれ左であれ、選挙区の人間が公正な立場で議員を選ぶという事態はむしろ稀で、なんらかの形で政治家と結び付きをもっているばあいが多く、後援会の中で議員に対する批判が公的になされることはほとんどない。彼は全面的な支持を受けるのである。ここにも集団と個人の特異な結び付きがあり、日本人の人間関係の典型を見ることができる。

これまで取り上げてきた問題は皆日常的な出来事であり、そこでは個人と社会の関係が明確でないという特徴があった。冒頭であげた郵便箱の中に投げ入れられた五万円の事件を思い出してみよう。その金の扱いをめぐる日本人の行動からは呪術的な関係で物（金）に結ばれた日本人の人間関係が浮かび上がってくるだろう。贈与・互酬の関係も日本人の強い絆となっており、中元《ちゅうげん》・歳暮《せいぼ》だけでなく、なんらかの便益を受けたらお礼として贈答がなされることも誰もが知っている。他人の家を訪問するときにもなんらかの土産を持って行くことを自分で考え付くようになれば、大人になったと評価されるのが、日本の社会である。政治家と選挙民の間もまさに贈答の関係によって結ばれており、派閥の領袖と議員との関係も暮れの餅代《もちだい》のような物（金）によって結ばれている。これらのモノには呪術的な意味あいが色濃く残っているのである。親や上司が、しばしば子供や部下に「理屈を言うな」とさとし、テレビのコマーシャルが「理屈は嫌いだ」と常に流しているような社会に生きている私たちは、個人と社会の関係が合理性ではなく、情や呪術的関係によって結び付いていることを否定できないのである。実際には個人と社会は合理的な関係をもっているはずである。「六法」はそのことを明確に示している。しかし「理屈をいうな」という言葉がしばしば聞かれることを考えると、そのような命令が社会ではなく、世間から生まれていることが解るであろう。

社会は理性にもとづいて構成されていることにはなっている。しかし世間は理性を排除しようとする傾向をもっている。理性ではなく、義理・人情が世間の人びとを結びつける絆なのである。わが国における人間関係の中にどの程度合理性が貫かれているかと問うならば、答えは大変曖昧《あいまい》なものにならざるを得ない。

明治十七年（一八八四）に individual という語に個人という訳語が定められてから、一〇〇年が経過しているにもかかわらず、日本には個人の尊厳の思想は根づいていないといってよいであろう。

最近になって、何らかの疑いをかけられ、警察の取調をうけている人に対して放送局は容《よう》疑《ぎ》者《しゃ》という表現を使うようになった。数年前までは、前総理でも逮捕されるとその瞬間に呼びすてにされていたのである。逮捕されたからといって疑いが確定したわけではない。それなのにマスコミはそろって呼びすてにしていたし、今でもそのようなことが問題になっている。疑いをかけられている人にさんづけをすることには抵抗がある、とはっきり新聞紙上で論じられているのである。今は容疑者という言葉を使っているが、原理は変わっていない。疑いがかけられているだけであって、犯罪が確定したわけではない。それなのに疑いがかけられている人を、そうでない人から区別するために、容疑者という言葉を名前につけるのである。

個人が一個の人格を持つ存在であるとするならば、その人は犯罪者であろうが、死刑囚であろうが、一個の尊厳ある人格をもっていることに変わりはない。死刑囚にも人格はあるのである。それを通常の人から区別しようとすることには、特殊な態度があるといわねばならないであろう。いずれにしても日本における個人は、このように人格をもつものとして扱われず、ひとたび疑いがかけられれば肩身の狭い思いで生きて行かねばならないのである。

ところが当人以外の者にもその疑いが及ぶのである。ある人が殺人者として告発されると、両親や子供も世間に対して肩身の狭い思いで暮らさなければならない。犯罪の疑いをかけられた人だけでなく、その縁者も同類とみなされるのである。それはいったいなぜだろうか。

理屈の上では当人でも犯罪が確定するまでは社会的権利はあり、人格は認められるはずであり、刑が確定したあとでも、受刑者の人格は認められなければならないはずである。そう考えれば、どのような人でもさんづけで呼ばなければならないはずであるが、そうはならず、何の関係もない縁者も、肩身の狭い思いで生きなければならないのが、日本の現状なのである。このような問題については、社会という枠組の中では、答えはでないのである。ここでは、私たちの日常生活を構成している世間という枠組が、問題になっているからである。

世間は個人の準拠集団である。したがってそこから陰《いん》に陽《よう》に利益をうけているばあいには、その世間の構成を明らかにする必要はない。あたかも社会の中で生きているかのように振る舞うのであるが、ひとたび何らかの疑いがかけられると、世間が浮かび上がってくる。その世間とはいったい何なのかが問題なのである。いまだ最終的判決が下っていないのに、疑いがかけられると容疑者として他の人々から区別され、周囲の者にまでその疑いの結果が及んでくるというわが国の構図を考えると、それは次節で述べるような中世の神判《しんぱん》の世界からほとんど隔たっていないのではないだろうか。

本人以外の人間にも疑いが及ぶという構図には、明らかに古代以来のケガレの系譜があると考えられるからである。

「世間を騒がせて申し訳ない」という決まり文句の中には、日本人の心的構造の特徴が集中的に表現されており、それは個人がヨーロッパのような他と隔絶された個人ではなく、広いつながりの中で、他の人や動植物などとの境界もさだかでない広がりを持つ存在であることを示しているように思えるのである。これは、日本では社会のなかに別な次元で世間があり、文章や論文にならない日常生活の次元では、世間の方が大きな位置をしめていることを物語っている。このことを明らかにすることによって、私たちは、従来のようにこの種の問題に対して超越的な立場から評価を下し、ヨーロッパと比較して遅れている日本人として処理するという、不幸な地点を離れることができるように思えるのである。いいかえれば世間という言葉を分析することによって、私たちは日本の歴史の中に個人のあり方を探る道が開かれるのではないか、と考えているのである。

本節の最後に、日本におけるプライヴァシーの問題についてもうひとつ例をあげておこう。

ドイツの新聞を見ていて日本ともっとも大きな違いがあるのは、事故の報道の仕方である。日本では数年前の日本航空の事故のような大事故だけでなく、小さな交通事故でもたいていのばあい被害者の名前と年齢が報道されている。しかしドイツでは氏名は全く報道されないのである。知人のドイツ人は日本学者であるが、彼はいつも日本ではなぜ事故にあった個人の名前が公表されるのか、と不思議がっていた。彼は日本の新聞にはプライヴァシーを守る姿勢がないというのである。しかしこのように言われたとき、多くの日本人はキョトンとしてしまうであろう。事故の報道がプライヴァシーの侵害に当たるとは、ほとんどの日本人は思ってもいないからである。

日航機の事故の時などは、NHKのニュースキャスターが事故の経過の報告よりも被害者の氏名の公表を優先したことが、評価されていたくらいなのである。いったいこの違いはどこからくるのであろうか。

普通の日本人なら、なぜ事故の被害者の氏名を知りたがるのかという質問に対して、自分の身内や関係者が事故に遭遇していないかどうか知りたいからだ、と答えるであろう。身内や関係者の消息を知りたいという気持ちの方がプライヴァシーの保護よりも重要、とされているのである。この身内や関係者の消息を知りたいという気持ちは広がってゆき、時には日本人全体に及ぶこともある。たとえば外国で起こった事故の報道にさいして、日本の新聞は必ず日本人が被害者の中にいたかどうかを伝えている。このばあいは、身内と関係者が日本人全体に広がっていると見てよいだろう。

ヨーロッパの新聞やテレビなどで事故の報道のさいに被害者の氏名が公表されないのは、個人のプライヴァシーを守るため、といわれている。事故にあうということは不幸なことであり、時には命を失ったり、身体に障害を生ずるばあいもある。身体に障害を生ずるような事故にあった人の氏名を公表し、その人の障害の程度がどれほどであったかを明らかにすることは個人のプライヴァシーの侵害となるのだ、といえば普通の日本人でもようやく事情がわかるであろう。しかしこのような意識は、日本ではまだ全く浸透しておらず、生体肝移植《せいたいかんいしょく》のさいに提供者の氏名も本人の氏名も公表され、新聞やテレビでは写真も映されていたのである。

たしかにプライヴァシーの保護という点では、日本はまだ後進国である。しかし後進国であるということには理由があるのであって、日本における個人のあり方が、ヨーロッパの個人のあり方とは違っていることが、ここでは関係している。ヨーロッパでは基本的にはすべてが個人を単位として考えられている。しかし日本ではそうではない。日本人は一人で社会に対しているわけではないのである。日本人と社会の関係は、ヨーロッパ人のばあいとはちがっている。明治以後の日本人は、社会という言葉とヨーロッパ流の個人観念を学んだために、現実の日常生活の中での個人のあり方を見ないようにして頭の中でだけ社会と個人というヨーロッパ流の観念を作り上げていった。そのために実態が捉えられなくなっているのである。

日本人は、社会を構成する個人である前に、世間の中である位置をもたなければならない。世間とは身内以外で、自分が仕事や趣味や出身地や出身校などを通して関わっている、互いに顔見知りの人間関係のことである。したがって世間は、一人一人にとって異なっており、世間が広い人もいれば狭い人もいる。しかしいずれにしても日本人の交際範囲が世間をでることは希である。世間を出て、たとえば外国へ一人で行くことは普通の日本人にとっては大変なことであり、そのためにたいていの日本人は旅行会社がたてたツアーに参加して集団で外国へ出かけて行く。そこで仲間とともに旅を続ける内に、その仲間が自分の世間に入ってくることもある。しかしこのようなツアーを通じて外国人と親しくなることはほとんどないのである。外国旅行でさえ日本人の世間を広めるにすぎないのである。このような世間がもっとも拡大されるのが日本人という言葉であって、外国における事故の報道のさいに日本人が含まれているか否かが常に問題となるのも、そのためなのである。

日本の新聞は日本人しか読まないことを前提として編集されている。最近では韓国や中国のことを少しは考慮した記事も見られるが、他の国のことは全く念頭にないように見える。だからこのような記事がでるのであろう。

日本における事故の報道のさいに被害者の氏名が公表されるのは、そこに自分の世間の関係者がいるかいないかを知るためなのである。不幸にも自分の世間の関係者が含まれていたら、すぐにお悔やみの電報を打つか、見舞いに出かけなければならない。お見舞いをすることは世間と個人を結ぶ重要な絆なのである。葬式は世間に住む人にとってもっとも大きな行事の一つである。世間を構成している者は、互いに顔見知りであるというだけでなく、日常的に贈り物を交換している。お中元《ちゅうげん》、お歳暮《せいぼ》などである。世間とは贈り物を媒介として結ばれている、互いに顔見知りの関係にある人間の集団のことだ、(5)といってもよいだろう。個人は、このような世間によって認められ、世間に顔向けできるようになったとき、一人前として扱われる。いいかえれば世間は、個人の行動の審判者であり、準拠集団でもある。したがって世間を構成する人間の事故には無関心ではいられないのである。それは個人のプライヴァシーよりも優先されるのである。なぜなら社会は個人によって成り立ち、一人一人が社会のあり方を考え、その構造をも変えてゆくことができると考えられているのに対し、世間は個人の外に存在していて、個人によって変えることができないもの、と意識されているからである。

三　参籠起請と神判——日本人の「罪」意識の原型

坂口安吾に「牛」という短編がある。牛というあだ名の鈍重ながら頑強《がんきょう》な男が、山の中で強姦《ごうかん》事件を目撃した。四、五人の男が、ひとりの女を強姦していた。牛に気が付いて男たちは逃げ去ったが、どうしたことか女は、牛も犯人の仲間と思い、通りかかった人に訴えたのである。こうして牛は、村の中で犯人と見なされてしまう。そのとき牛の父親は、牛がやっていないというのを聞いて、牛を山の上の社《やしろ》に閉じ込め、三度の食事の時以外は外に出さなかったのである。しばらくして犯人が捕まり、牛の無実が証明され、牛は社を出ることができた、という筋である。

坂口安吾がこの話の題材をどこで耳にしたのかは、明らかではない。しかしこのような事件が実際にどこかであったのを、耳にした可能性は高いであろう。今でも形はかなり変わっているが、不祥事を起こした政治家が姿を隠し、禅寺に籠ったりすることが時々ある。このような事例で注目されるのは、疑いをかけられた人間が公衆の面前で自分の無実を明らかにするのではなく、姿を隠す、という点であり、その間に周りの人々の努力や事態の進展によって事実が明らかになるのを待つ、という受身の姿勢がみられることである。疑いをかけられたことは有罪が確定することとは全く別な問題である、という考え方はここにはなく、疑いをかけられたこと自体にすでになんらかの本人の過失の可能性がみられる、という考え方がある。

このような争いの処理方法は、すでに鎌倉時代の参籠起請《さんろうきしょう》にさかのぼるものということができよう。鎌倉幕府法によれば、互いに争っている当事者の間で決着がつかないときには、それぞれに偽りの申し立てをしないことを宣誓した起請文《きしょうもん》を書かせて、一四日間、神社に参《さん》籠《ろう》させ、その期間中に次のいずれかの失《しつ》(不都合《マイナス》)が一方に起こったばあい、当人の起請が虚偽とされた。その失とは、文暦二年(一二三五)の式目追加《しきもくついか》(一二三二年、鎌倉幕府制定の貞永式目《じょうえいしきもく》の追加条項)における起請文失《しつ》条の篇目《へんもく》をみると、鼻血を出すこと、起請文を書いたあと病気になること、烏などに尿をかけられること、鼠に衣装をかじられること、身体から下血すること、近親に死者が出ること、父子に罪人が出ること、飲食のさいに咽《むせ》ぶこと、乗用の馬が倒れることなど全体で九条あげられている。(6) また弘長元年（一二六一）三月にも同様な定めがなされているという。

ここで注目すべきことは、本人の行為の道徳的評価は全くなく、自然界の中での本人の位置が問われている点である。本人の身体の異常（鼻血を出したり、下血したり、病気になったりすること）が本人の失の表れとされているだけでなく、本人の親族に死者が出ることも本人の失を表わすものと考えられている点である。また食事の最中に咽ぶことも、本人の日常生活にわずかでも異常が生じていることを示すもの、とされている。本人の周囲にいる烏や鼠、馬などが、本人に及ぼす些細な害も本人の失を表わすものとされているし、周囲の動物の動きが本人の運命を決定する大きな要素となっている。これらの事例からうかがえることは、本人自身の行為ではなく、本人の周囲になんらかの異常が生じたばあい、それが本人の失と見なされている点で、しかもその失の基準は必ずしも定かではない、ということである。可児光生氏がいうように、失については起請の主催者の主観的判断が重要な意味をもったのであって、曖昧《あいまい》なものであった、と考えられる。(7)

しかし本人の身体をも含めた自然界の出来事の異常が、本人の失の表われとみられていることは確かであり、ここに日本人の罪の意識のひとつの形を見ることができる。一四日間の参籠期間中、なんの異常もなく過ごせるということは、本人が自然界と親しんでうまく適応していることを示しており、自然界に馴染《なじ》まず、自然界から排除された者は、そのこと自体で失があることになる。

このような身体観や罪の意識は、人間の意識の中に深く潜行しながら今日まで生き残っており、先に述べた「世間を騒がせて申し訳ない」という謝罪の言葉は、このような自然界(世間)の中での自分の位置にズレが生じたことについての、仲間に対する謝罪と見なすことができるのである。

近代社会では、人間の行為はもっぱら対人関係のなかでのみ裁かれ、自然界の事物、動植物などとの関係は、本人の罪科を明らかにするうえでは全く関係のないものとされている。しかるに前近代の社会では、人間の行為の正当性が自然界の事物によって判断しうるという考え方があり、それが参籠起請に表われていた。しかし前近代社会においては、参籠起請だけでなく、参籠起請をもふくむいわゆる神判《しんぱん》において、その性格はさらにはっきりと示されている。

わが国における神判の歴史を、従来の研究にしたがって、簡潔に展望してみよう。すでに『隋書』倭国伝には次のような一文がある。

……獄訟《ごくしょう》を訊究《じんきゅう》するごとに、承引せざる者は、木を以て膝《ひざ》を圧し、あるいは強弓《ごうきゅう》を張り、弦を以てその項《うなじ》を鋸《きょ》す。あるいは小石を沸湯《ふっとう》の中に置き、競う所の者をしてこれを探らしめ、いう理曲《きょく》なる者は即ち手爛《ただ》ると。あるいは蛇を瓮中《おうちゅう》に置きてこれを取らしめ、いう曲なる者は即ち手を螫《さ》さると。（原漢文）

このような熱湯の中に手を入れて小石を取る盟神探湯《くかたち》は、日本ではかなり後まで行われている。その形は、神に誓ってから熱湯の中に手をいれ、小石を取ろうとするとき、正しいものの手は損なわれず、邪なるものの手はただれるとされている。『日本書紀』の允恭天皇四年九月戊申の条には、次のような記述がある。

戊申《つちのえさるのひ》に、詔《みことのり》して曰《のたま》はく、「群卿《まえつきみたち》百寮《つかさつかさ》及び諸《もろもろ》の国造《くにのみやつこたち》等、皆各《おのおの》言《もう》さく、『或《ある》いは帝皇《みかど》の裔《みこはな》、或いは異《あや》しくして天降《あまくだ》れり』とまうす。然《しか》れども三才《みつのみち》顕《あらわ》れ分れしより以来《このかた》、多《さわ》に万歳《よろずとせ》を歴《へ》ぬ。是《ここ》を以《も》て、一《ひとつ》の氏蕃息《うじうまわ》りて、更に万姓《よろずのかばね》と為《な》れり。其《そ》の実《まこと》を知り難《がた》し。故《かれ》、諸の氏姓《うじかばね》の人等《ひとども》、沐浴斎戒《ゆかわあみものいみ》して、各盟神探湯《くかたち》せよ」とのたまふ。則《すなわ》ち味橿丘《うまかしのおか》の辞禍戸碑《ことのまがへのさき》に、探湯瓮《くかへ》を坐《す》ゑて、諸人《もろひと》を引きて赴《ゆ》かしめて曰《のたま》はく、「実《まこと》を得《え》むものは全《また》からむ。偽《いつわ》らば必ず害《やぶ》れなむ」とのたまふ。（盟神探湯、此《これ》をば区訶陀智《くかたち》と云《い》ふ。或いは泥《うひじ》を釜《なべ》に納《い》れて煮沸《にわか》して、手《て》を攘《かきはっ》りて湯《ゆ》の泥を探る。或いは斧《おの》を火の色に焼きて、掌《たなうら》に置《お》く。）是に、諸人《もろひと》、各木綿手繦《ゆうたすき》を著《し》て、釜《なべ》に赴《ゆ》きて探湯《くかたち》す。則ち実《まこと》を得《う》る者《ひと》は自《おの》づからに全《また》く、実を得《え》ざる者は皆傷《やぶ》れぬ。是を以て、故《ことたえ》に詐《うつわ》る者は、愕《お》然ぢて、予《あらかじ》め退《しりぞ》きて進むこと無し。是《これ》より後《のち》、氏姓《うじかばね》自づから定りて、更に詐《うつわ》る人無し。

これは国中で姓氏が乱れている人々を正すために、諸の氏姓の人は斎戒沐浴《さいかいもくよく》してそれぞれ盟神探湯せよと命ぜられ、人々が甘樫丘《あまかしのおか》の辞禍戸碑《ことのまがへのさき》に探湯瓮《くかへ》をすえて、「人々を召し連れてゆき、実を得る者は全からむ。偽《いつわ》らば害《そこな》われんといわれた。人々は木綿手繦《ゆうたすき》をして探湯《くかたち》をしたところ、実を得るものは全く、実を得ないものはみな害われた。こうして偽るものは驚いてあらかじめ退いて進むことができなかった」というのである。

味橿丘は大和の国高市郡にある甘樫坐神社の後ろの丘といわれている。ここからこの記事は、大和の国高市郡の在地の法慣行についての伝承を基礎にしているのではないか、と考えられる。しかもこの神社が武内宿禰《たけのうちのすくね》を奉っているという伝承があることから、必ずしも根拠がないわけではない、と石母田正氏は述べている（8）。石母田氏は、盟神探湯という神判制度を執行した主体は大和の国の族長たちであり、この法慣行が允恭紀の記事の背後にあるのではないか、という。また木綿手繦をつけて行われたという記事から、盟神探湯が古代の祭祠儀礼、とくに祓除《はらいよ》けの儀式と不可分の関係にあると考えられ、次のように盟神探湯を規定している。

「クガダチという神判制度は、祓除の儀式を中心とした古代の祭祀儀礼をもとにする一定の宗教的・社会的集団を基礎とする裁判制度であって、大化前代においてはすでに地方族長の政治的支配の一側面として、族長支配の法的機能を表現する一制度として伝承されていたものとみられる(9)」。

石母田正氏は、盟神探湯はたしかに原始的な形式をもっているが、「このことからただちにそれを原始的裁判制度の遺制というように古くばかり考えるのは誤りであろう」と述べている。実際、盟神探湯の歴史をみるとわが国では、中世・近世においても神判《しんぱん》は「在地で完結する共同の紛争解決の体系の終極にあった(10)」とみられており、「山論《さんろん》などの境界領域の相《そう》論《ろん》の過程で、しばしば鉄火《てつか》起請《きしょう》、湯《ゆ》起請、神くじなどの神判の方式による解決がみられた」という。したがって中世・近世における盟神探湯などは、石母田正氏がみたような、「地方族長の政治的支配の一側面で、族長支配の法的機能を表現する一制度」というよりは、紛争当事者である村落側から要求されているばあいが多いことが指摘されている。

元和五年（一六一九）会津（福島県）の稲川郡綱沢村と松尾村の間の山論は、藤木久志氏の研究によると「なたをとり」「なたをとりかえし」「大勢人数をもよおし、かいを吹き、さいをふり参候間《あいだ》」「さんざんにちょうちゃくし」というように激化し、死者まで出た結果、領主裁判に持ち込まれた(11)。

この段階はまず(1)領主が絵図上に具体的に境界線を提示し、「調停をし、和解を勧めた」。(2)しかし村はこの調停を拒否し、是非鉄火で勝負をつけたいと願いでた。「鉄火の勝負は、本来在地的な紛争解決の体系に属し、信仰による共同裁定をも領主裁定をもこえる、最終的な裁定と意識されていたことをうかがわせる」。山本幸俊氏も、「依然共同体がわからの契機が領主権力を規制していることに留意したい」と述べている。(12)

しかしながら中世の鉄火と近世の鉄火が異なるのは、敗れた者が領主によって処刑され、成敗される点にある。中世の在地の相論では、神判の失として相論の負けとされたに過ぎなかったのだが、近世においては処刑の対象になったのである。このような事態に対し、村も集団の犠牲者としての当事者、つまり鉄火をとった者に対して補償の道をこうじている例も少なくないという。(13)

この間の事情については、山本幸俊氏が『新編会津風土記』によって詳しく論じておられるので、それを見よう。

綱沢村と松尾村の山境を巡る争いは、すでに見たように、死者まで出すほど激化していたので、領主は両村の境が決定しにくいとして、互いに不入《ふにゅう》という裁定をだした。しかし両村が納得せず、鉄火による勝負を求めた。鉄火は近村の野沢本町・諏訪神社前で行われた。綱沢村では皆恐れて鉄火をとろうとするものがいなかったので、肝煎《きもい》りの次郎右衛門が、「我《われ》事に従うべし。されど事卒《おわ》らば、耕耘《こううん》の業なしがたかるべし、願わくば面々の助力にあずかるべし」といって、出た。松尾村からは清右衛門が代表として出た。二人とも礼服を着て、掌中《しょうちゅう》に熊野牛玉《くまのごおう》をささげて、炉辺に歩み寄った。そこで役人が炎火の中から鉄火を挟んで両人の掌中に移した。綱沢村の次郎右衛門は鉄火を三度まで受けて側においた。これに対して松尾村の清右衛門は、鉄火を受けると同時に、手にしていた熊野牛玉が燃え上がり、炎苦に堪えず、鉄火を地に投じてしまった。これで松尾村の非分が決まり、清右衛門は枝解《しかい》（手足切り離し）されて、塚として築かれ、その後長く山境を表わしているという。(14) 村のイニシアティブで鉄火がとられたのだが、領主がその結果に介入し、敗れた者を処刑するようになったことは鉄火裁判の行方に大きな影をなげかけるものであった。日本で鉄火がとられなくなるのはこのような領主による処刑のために村が鉄火にふみきれなくなったためと考えられるからである。

わが国における鉄火裁判の系譜を簡単にたどってみよう。

永禄末年（一五七〇）、一乗谷の城主朝倉義景が嫡子を失ったのは乳母夫妻の共謀によるという疑いがかけられ、関係者一同に湯起請をとらせて、事実を明らかにさせたという。(15) 天正十七年（一五八九）越中礪波《となみ》郡北野村と蓑谷村の山論においては、前田利家の直裁《ちょくさい》が神裁《しんさい》によって覆された事例があり、(16) 天正十六年（一五八八）には、越後の御前山と市野々村の山論をめぐる争論で神裁が行われ、承応二年（一六五三）にその近くの早川谷の村々で境界をめぐる相論がおき、そのさいに神裁が行われ、熊野牛玉宝印の裏に案文《あんぶん》を書き、代表者が案文に血判をし、双方が主張する境目の土と先の牛玉宝印を焼き混ぜて代表に飲ませ、七日七夜の間に腹痛を起こした方が越度《おちど》となる、というやり方で行われた。しかし何の結果も現われなかったので奉行から双方の主張する境の中央を新しい境界とするよう達しがあった。慶長十四年（一六〇九）には、常陸の国多賀郡の境界争いでも、鉄火が行われた。以上、いずれも山本幸俊氏の調査によるものである。(17)

また慶長十一・十二年（一六〇六・〇七）近江の国では、鉄火をとった者には二〇石の褒《ほう》美《び》が与えられると惣中《そうちゅう》が誓っているし、(18)慶長十二年には同・宇治川原惣中では、相論が神裁で決着している。また元和五年（一六一九）にも、近江の国蒲生郡日野町でも、入会権の問題で鉄火が取られている。(19)

元和五年以降、湯起請、鉄火のいずれも格別の記載はみられず、全体としては衰退の方向に向かったと考えられるのであるが、この問題に関する牧野信之助の次の文章は、注目に値する。「上代以降奈良、平安朝時代にあってはその風習が如何なる程度に行われたか、支那法を継承した律令には殆どこれらの習俗を認めることが出来ないにしても、一般民間における慣行に至ってはその存在を否定せられない。次いで前述の如く平安朝以降になって神仏の威力観が頗《すこぶ》る高まって来ると共にいたく人心を支配して、法のうえにも其等《それら》の思潮が濃厚に加味せらるるをみるに至ったのである」(20)。

牧野信之助は、江戸時代においても、探湯式の裁判法が公に採用され、私法としてだけでなく、幕府や諸侯などによっても適用されている点に注目し、「依然として国民の間に伝統的に信ぜられつつあった神の威力の裁断そのものである」と述べている。(21)

たしかに鉄火や探湯は、幕末にはほとんど見られなくなるが、広義の神判はそののちも姿を消してはいない。藤木久志氏の研究によると、江戸末期にも（天保五年、一八三四）新潟県長岡市の山沿の村で入札《いれふだ》が行われていたことが明らかにされている。[22]すでに瀬田勝哉氏が明らかにされているように、中世においては盗みや放火、殺人などの事件にさいして、村人が集まって投票で犯人を決めたりする例があり、落書《らくしょ》と呼ばれていた。落書起請は無記名投票によって犯人を決めるものであり、中田薫氏などはこれを神判にはいれていない。しかし落書起請は、匿名のもつ呪術性という点において、神意をはらむものと考えられ、広義の神判に含めることができるだろう。[23]

藤木久志氏が調査した入札は、天保二年（一八三一）と天保五年（一八三四）と嘉永四年（一八五一）の三種であり、記名投票による犯人の投票用紙である。外側に投票者の名前を書き、内側に「のすと六助」などと書いて折り畳み、糊《のり》づけして捺印《なついん》や封印をした。他に「小盗人の風聞《ふうぶん》」といった票もあり、ずばり名だけの票と風聞の票とが分けられている。藤木氏は、延慶三年（一三一〇）の大和の法隆寺の「大落書」も同様な書き方であったことから、この様な習慣があったのではないか、といっている。

入札は小作人をも含む徹底したものであり、盗みの入札に当たると、下総の例では家財を没収されて村から立ち退かされたり、ときには斬首《ざんしゅ》された例もあるらしい。中世においては落書起請は、牛玉宝印の裏に書かれたことから解るように、神に誓って投票したのであった。しかしこの新潟県長岡の村のばあいは、神は登場せず、個人名に代わっている。落書は、神意を表わす呼び名であったが、入札となったあたりで変化がみられる、と藤木氏はいっている。[24] いずれにしても、個人（村人）の罪は全体（村）の責任といわれた社会では、村の災いの種は早く取り除く必要があったことから取られた処置なのである。

注目すべきことにわが国では、十九世紀末に至るまで、このような入札の慣習が残っており、藤木氏によれば、他にも多数の入札がある、とのことである。ときに小学校などで教師が生徒に盗難事件の犯人探しのために投票をさせて問題になることもある。こうしたことから、私たちは日本人の中には、この種の方法が少なくとも古代から現代まで明確に論義の対象になったり、徹底的に駆逐されることなくなんらかの形で残っているのではないか、と考えざるをえないのである。明治以降、西欧化の流れの中でヨーロッパ方式の裁判の制度が導入されたが、民間においては、いまだにこの種のくじ引きや決定方法が生きている。何かを決定するときに、合理的な根拠を互いに論じ合う、というよりは、ジャンケンやくじを引いて決める方式が、すべての人を満足させる方法としていまでも用いられている事は、このことと無関係ではないだろう。ちなみにヨーロッパでは人事にジャンケンやくじ引きが用いられることはない。これは日本独自の慣行である。ヨーロッパでは基本的に選挙あるいはボランティアによって人事がきまるのである。

すでにあげた参籠起請における失《しつ》の一部はいまでも形を変えて生き残っている。たとえば私の知人の劇作家が、つぎのようなことを語ってくれたことがあった。自分の芝居が上演されていたとき、たまたま劇作家の甥が死去したために劇作家は劇場に行くことができなかったのである。演劇や相撲などの世界では、このように縁起《えんぎ》を担《かつ》ぐことがいまでも多い、という。親族に不幸があれば、賀状を失礼する習慣はかなり一般的なものである。このように日常生活のさまざまな次元にのこっている慣習を考えてみると、私たちは過去の歴史の中で、参籠起請に代表されるような神判とはっきり絶縁してはいない、という事実に行き着くのである。私たちは西欧風の個人として生きているつもりになっていても、周囲の人々の運命や自然界の出来事と無関係には生きられない。建前《たてまえ》の時には吉日を選び、結婚式にも大安を選ぶ人が多い。葬式には友引きの日を避け、親族に死者が出れば賀状を控えるのである。すでに述べたように、殺人犯を出した家族は皆、世間に顔向けできなくなるといった事態が今でもみられることは、参籠起請の時代が今でも形を変えてつづいていることを示していないだろうか。

自分の子供が、たとえ成人していてもなんらかの不祥事に巻き込まれれば、親としての責任をなんらかの形で取ろうとするし、同じ高校の生徒が事件を起こせば、なんの関係もない野球部が甲子園出場を辞退させられるのである。

わが国においては個人の責任は個人で終らず、同じ世間になる他の人々やその他のモノと不可分の関係の中におかれているが、こうした関係は公的な生活においてもときに姿を現わすが、日常の人間関係の世界で、最も大きな位置を占めている。

自分がした行為ではなくとも、世間のなかで自分と深い関係にあり、とくに自分の下にいる人間の行為に責任を負わなくてはならないことがある。そのようなばあい、私の不徳のいたすところ、という。自分の責任の範囲が、自分の徳の及んでいるところ、なのである。世間のなかで上位にある者は、少なくとも言葉の上では、このような徳の範囲をもっていることになっている。

「世間を騒がせて申し訳ない」という言葉は、このような関係を物語っているのであり、わが国では、個人は世間に対して責任を取らなければならないことを示しているのである。ところが私たちは、明治以降西欧化の流れの中で、個人のあり方や人格の問題については西欧の理念を受け入れ、あたかも西欧流の人格が私たちの日常生活を規定しているかのように考えてきた。実際は建前《たてまえ》に過ぎないのだが、その建前で自己を表現し、とくに物書きは、文章を書き、論ずるときに、そのような前提の上で書いたり、語ったりしているに過ぎないのである。実際の日常生活においては、家族との関係や子供との関係、職場との関係の中で、西欧風の自己は実現すべくもないのだが、そのことを見ないようにして、日々を過ごしているのである。

そこで私たちが明治以降受け入れようとしてきた西欧風の自己とは、一体どのような事情のもとで成立したのだろうか。この問題についてはすでに論じたが、ここではわが国では十九世紀まで残存し、とくに明確な絶縁宣言がなされていない神判の問題との関連について観察してみたい。

四 西欧における個人とは――神判との関連で

神判は一般に Ordal あるいは ordalium, judicium dei と呼ばれ、神が法の守護者として世俗の争論に介入し、正しい判決が得られるように黒白を明らかにすることをいう。すでに多くの論者が扱っているように、世界各地にみられる裁判の形式であり、その形もさまざまであるが、ヨーロッパにおいては比較的早い時期に一掃されたとみられる点が注目されるところである。(25)

すでに古代ローマ、イタリア、フランス、ケルト、スラヴなどに神判はみられ、そのほかイランやインド、インドシナ、オリエント、アフリカなどにもあった、といわれている。しかしここではヨーロッパに限って観察することにする。ソフォクレスのアンティゴネーには、ポリュネイケスの死体に土がかけられているのを見た番人が、自分がしたのではないことを証明するために、真っ赤に焼いた鉄を摑《つか》むのも火の中を歩くのも厭わない、という場面があり、この頃に、このような形の神判があったことをうかがわせる。

五世紀のブルグンド法において、誓約が認められないばあいに、原告と、訴えられた者の間で決闘が行われることが定められており、五一〇年頃のサリカ法典においても、熱湯の中におかれた指輪や石などを探すhineumの記載があり、[26]リブアリア法典にも火審、くじ審の言及がある。[27]五八〇年頃のトゥールのグレゴリウスの記述によれば、煮えたぎる熱湯の中から指輪を取り出すときの儀式が詳しく語られている。[28]その他には七・八世紀のアイルランド法に、熱湯による神判の記録がある。

ヨーロッパにおける神判は、六種に分けることができる。

(1) 鉄火裁判と呼ばれるものがあり、当事者は真っ赤に熱せられた鋤の刃を手に持って九歩歩くか、煮えたぎる湯の中から指輪か貨幣を取り出す（湯裁）。その直後に包帯をし、ときには印璽《いんじ》までつけて二・三日後に包帯をとって傷が化膿《かのう》していなかったなら無罪、化膿していたら有罪となる。[29]

(2) 水審とも呼ばれるものでjudicium aquae frigidae、当事者は手足を縛られて水中に投げ込まれる。沈めば無罪、浮かべば有罪となる。水は無垢《むく》なるものを受け入れると考えたからである。八二六〜八二七年に初めてその記録がのこっている。[30]

(3) 決闘judicium pugnae、これは本来は証明の手段ではなく、決定の手段であったが、早い時期に証明の手段に変化したもの、といわれている。証人も宣誓補助者もいないばあいに、裁判所で決闘が行われる。イタリアでは証人の他、公証人も出席する。武器は

熱せられた鋤《すき》の刃の上を歩く神判の図　13世紀

神判としての決闘　15世紀　『ベルン年代記』より　垣根の外の人間は中に入れず、円の中で２人は闘う。円の外へ逃れた者は敗者となる。円が魔術的な意味をもっているのである。２人の立会人が円の外側に立っている。勝者は敗者を殺してはならず、戦闘能力をもっている者が勝ちとなる。

神判としての決闘においては、婦人は布で結んだ石を用いる。男は体力で女性にまさるので、下半身を穴のなかに入れて闘う。1400年以後の手書き本から

水審　12世紀　両手両足を縛って水中に投ずる。水は本来、聖なるものであり、沈めば、水にうけいれられたものとして、投げられた者は無実とされた。

フランク法では戦闘用の棒と楯、ザクセンシュピーゲルでは剣と楯である。ザクセンシュピーゲル（一六三、三一四）では、決闘の際の詳細な規定がある。[31] 後にニコラウス一世は、決闘は神を試みるものとして禁ずべきだ、といっている。ホノリウス三世（一二一六～二七）も、同じ意見を述べている。

(4) パンの裁判 judicium pani et casei, judicium offae、当事者は、一定の大きさのチーズか、固く焼いてかちかちのパンを、苦もなく飲み込まなければならない。そのばあいは無罪、詰まったら有罪となる。多くは盗人の判定に際して行われたといわれる。[32]

(5) くじ引きも、ときに行われた。しかしそれはすでに五一一年のオルレアンの会議と、五七八年のオーセールの会議で、異教の慣習として禁じられている。[33]

(6) 十字架 judicium crucis stare ad crucem、これは対立者あるいはその代理人が腕を広げて立ち、他の者は祈りを捧げている形で、疲れて初めに腕をおろした者が敗れるのである。これが最初に言及されているのは七五八～七六五年である。八一八年にルードヴィッヒ敬虔王《けいけんおう》は、それをキリストの受難を穢《けが》すもの、として禁止している。[34]

神判に関する史料の集大成を行ったノタルプは、神判は本来は仲間としてふさわしくなくなった者を排除するための措置であり、宗教的な核をもっていたといっている。平和とは、一定の秩序の中で安んじていられることであり、平和を乱すものは、したがって社会の秩序を乱し、自然の秩序を乱し、神の秩序に従わないもの、とみられたという(35)。

以上の中で最もよく知られているのが、鉄火と湯裁であろう。十二世紀のハインリッヒ二世伝の中で、帝妃クニグンデが不義の疑いをかけられたとき、自分にかけられた疑いを晴らすために、帝妃は王に裁判を開くことを求めた、という記述がある。皇帝は、その願いを聞き入れ、諸侯を集めて裁判を開いた。しかし諸侯は帝妃に対する同情から判決を下さずにいたところ、帝妃は、自分は神の恵みと皆の決定によって高位の女性の身となっているが、恥ずべき疑いをかけられている。疑いを晴らすために、自分は燃える一二個の鋤の刃の神判によって、皆の前でわが身の疑いを晴らしてみせよう、と述べた。真っ赤に熱せられた鋤の刃一二個が教会の前に集められた。火花を散らしている鋤の刃を見て、皇帝はクニグンデに神判を試みないよう、懇願した。皇帝は帝妃が無実であることを知っていたからである。帝妃は目を天に向け、主よ、御身の目にはすべて隠されることなく、明らかです。私は主を証人として、ここにいるハインリッヒ以外の男の抱擁《ほうよう》に身を任せたことがないことを誓います、と述べた。

火花を散らしている鋤の刃を見て皆が恐れおののいている中を、帝妃は進みでて、燃える鋤の刃の上をあたかも緑の野原の上を歩くように歩んだのである。一一番目の鋤の刃の上を過ぎて一二番目の鋤の刃の上に着いても、彼女はなんの傷も受けず、主なる神を讃え、主の助けでサタンを退けたことを感謝した(36)。以上は、ハインリッヒ二世伝の追録に付せられた記

皇帝ハインリッヒ二世の妃クニグンデが、不義の噂をはらそうと真っ赤に熱せられた鋤《すき》の上を歩く。15世紀のティルマン・リーメンシュナイダー作のレリーフから

述である。この他にもロタールの王妃テウトベルガの神判の事例など、政治の命運に関わる神判の記述も残されている。[37]

「トリスタンとイズー」にも同様な話があり、この種の話が当時よく知られていたことを物語っている。「トリスタンとイズー」のばあいは、イズーがあらかじめトリスタンに巡礼の姿で神判が行われる川の岸辺にきているように伝え、トリスタンとは知らぬ人々の前で、巡礼に背負われて船から岸に渡り、そこで申し合わせどおり二人が倒れ、そののちイズーが神の前で誓いの言葉を述べるのである。つまり自分は主人マルク王と、先ほど自分を背負って岸辺に渡した巡礼以外の男に抱かれたことはない、と誓うのである。実際はイズーはトリスタンと関係があったから、この誓いは偽りであるが、形式的には言葉どおりとなっている。その後イズーは、真っ赤に焼いた鉄を握ったがなんの傷も負わず、無実が証明された。[38]

伝説的なものも含まれているが、中世には神判の記録は数多く残されている。すでにみたように、ゲルマンの部族法には多くの条項があるが、その他にも九六七年には皇帝オットー一世は決闘を承認し、聖職者、女性、身体の不自由なものは代わりの戦士に闘わせてもよい、としている。[39]しかしながら部族法では水審は見られず、水審が初めて出てくるのは八二九年のルードヴィッヒ敬虔王《けいけんおう》による禁令であり、[40]これによって水審も一般に行われていたことが解るのである。

注目すべきことに、宗教会議も聖職者に神判を認めているのである。八〇〇年のライスバツハの帝国会議では鉄火が認められているし、[41]八四七年のマインツの会議でも認められている。[42]八〇七~八一三年のカール大帝の勅令では、盗人は証人あるいは神判によって明らかにされることになっている。[43]八九五年のトリエルの帝国会議では湯審が認められている。九二二年のコブレンツの会議では、鋤の刃の上を歩く神判が認められている。[44]とりわけランスのヒンクマールは、神判を積極的に推進した人物として知られている。[45]

およそ五〇〇年頃から、フランクの裁判の中で神判は、とりあえずは補助的な役割を果たしていたとみられる。正式な裁判は、証人と宣誓によって行われていたから、証人がいない特別なばあいに神判が用いられた、と考えられるからである。キリスト教の浸透とともに、ゲルマン人の間で行われていた神判に、教会も関わるようになったと考えられる。カール大帝はそれを推進しようとしたし、八九五年のトリブールの会議でも、火審と水審が認められている。[46]教会は、部分的には聖書を引用したりして、神判に介入する道を開き、九世紀末には、神判の儀式に関する形式が作られていったのである。犯罪者を自由に操り、犯罪行為をさせるのは悪しきデーモン・サタンであると考えられ、悪魔払いの儀式として形成されていった。司祭も被疑者も、斎戒《さいかい》して、儀式の準備をする。ミサを挙げて内的な浄化をはかり、そのとき妨害するあらゆる悪魔を払うのである。こうして古来の呪術的な裁判慣行が、キリスト教化されていったとみられる。[47]

ところがキリスト教会は、このような神判の取り込みに十分に満足していたわけではなかった。明らかに異教的な神判と、そうでない神判を区別しようとする努力を続けていたとみられるのである。たとえば聖餐の裁き Abendmahlsprobe は、八六八年にヴォルムスの会議で、聖職者や修道士を対象として作られたものであり、聖別されたパンを飲み込む裁きも、キリスト教の浸透以後に生まれたものと考えられる。(48)その他に殉教者の聖遺物や墓の前で行われるさまざまな裁きも生まれていた。

しかしこの点が日本のばあいと決定的に異なるのだが、教会はやがて神判に背を向けるようになった。すでにステファヌス五世（八一六〜八一七）(49)とニコラウス一世（八五八〜八六七）(50)は、リヨンの大司教スペインのアゴバルド（八一六〜八四〇）の論難の書 Liber … contra damnabilem opinionem putantium, divini judicii veritatem igne, vel aquis, vel conflictu armorum, patefiere によりながら、反対の態度を明らかにしていた。(51)

インノケンティウス三世（一一九八〜一二一六）は、とりわけ神判に断固として反対した教皇であり、(52)彼のもとで開かれた一二一五年の第四回ラテラノ公会議は、神判に司祭が関わることを禁止したのである。(53)教会だけでなく、フリードリッヒ二世もシチリアの立法において、極めて合理的な理由をあげて、神判と決闘を禁止している。(54)

十三世紀のザクセンシュピーゲルにみられるように、ドイツでは第四回ラテラノ公会議の後にも、しばしば神判が行われていた記録がある。たとえば一三五〇年には、リューベックの年代記によれば、焼いた鉄による裁判で被疑者の無罪が明らかになったのち、一年たった後でもその鉄に触れた者が火傷をした、といわれている。十五世紀においても、ハノーファーの市参事会はザクセンシュピーゲルの規定にしたがっていたし、一四四五年にも、ラインガウのアスマンスハウゼンで、焼いた鉄をつかんで無実の証明をしようとした者がいた、という。ニーダーザクセンでは火審は現実に行われていた。(55) またハンガリーのヴァラドでは一二〇八年から一二三五年までの間に二一七件の神判の記録があり、いまだ神判が重要な機能を果たしていたことが解る。(56)

しかしながら西欧全体を見ると、やはり一二一五年を境にして、神判は急速に衰退していったことは、明らかなのである。それは一体なぜなのだろうか。この問題について最近いくつかの研究が発表されている。そのひとつは古代宗教史家ピーター・ブラウンのものであり、古代史家が十二世紀の転換に関心を寄せた点が注目されている。

ピーター・ブラウンは、十一、十二世紀にヨーロッパ世界において、聖と俗の境界線が新たにひかれ、聖なるものと俗なるものが混在していたそれ以前のヨーロッパ社会が、大きく変貌しつつあったとみている。聖職叙任権闘争にみられる教権と俗権の対立は、そのひとつの表われに過ぎず、その背後には、古代末期の人々の聖なるものへの希求が、中世社会の修道制と教会組織のもとで制度化していった、という現実があった。一〇七七年のカノッサの屈辱の事件にみられる、ハインリッヒ四世とグレゴリウス七世の対立はこの意味で、聖と俗

が混在していたひとつの時代の終わりを告げるものでもあったのである。(57)

この時代のヨーロッパでは、封建騎士の台頭《たいとう》、都市の出現、商人層の台頭、ローマ法の受容、教会法の法典化（グラティアヌス教令集の成立）などを背景にして、独自の自己表現の試みが生まれており、ヴェンタドゥールのベルナールなどのような宮廷恋愛詩人も生まれていた。一二一五年のラテラノ公会議において神判に司祭が関わることが禁じられたのは、まさにこのような時代的背景の中においてであった。(58)

神判が行われるのは、他の裁判の方式によっては判定のつかない事件であり、それが極めて異常な争いに発展したばあいであった。神判のあり方自体、近代人の目には極めて不合理なものに映ったために、これまでの研究者によって未開で野蛮な慣行と見なされてきた。(59)しかしピーター・ブラウンは、神判を制御された奇跡と見なし、共同体の日常の需要に応えるためのものであった、とみているのである。確かにそこには、負債をめぐる争いや金、家畜の所有権をめぐる争いが、魔術や毒物による殺人などと並んで扱われている。

ピーター・ブラウンは、神判が極めて複雑で多彩であることを、十三世紀初頭のハンガリーのヴァラドの二一七件の事例から明らかにしながらも、大切なのは、人々が神判に何を期待したか、ではなく、なぜ彼らは神判で満足したのか、神判が重要事件の解決のために用いられたのはなぜかを問わなければならない、と考えているのである。そこでピーター・ブラウンが前提にしているのは、十二世紀までのヨーロッパの集落が、人と人が顔と顔を突き合わせて暮らす小共同体であり、他の集落と離れて独立した共同体での生活であった、という事実である。しかも十二世紀前半までは、国家の強制力は弱く、人びとの多くは文字を読めなかった。このような社会の理想は、最小限度の平和を確保し、共同体内部の合意を取り付けることにあった、という。このような社会は、全体の合意を取り付けるための手段として、また混乱をもたらす争いを収束させるために一種の劇的な工夫を必要としていた。

神判は、最初から最後まで、ゆっくりと厳かに行われたため、さまざまな人々の操作が可能であった。ブラウンは、それを制御された奇跡、と呼んでいるのである。(60) 神判は本来、神がある人または集団のあり方を判断し、その主張が純粋で正しいものかどうかを判定する、と見なされたのであって、争われている特定の土地などが、特定の人間に属するかどうか、を判定するわけではない。

互いに争う二つの集団を代表するものが神判に関わるのだが、両名は日常の世界に属するあらゆる関係を公的に絶たれるのである。髭をそられ、特別な服を着て、三日間絶食し、また司祭と同じ生活のリズムの中で過ごさなければならない。厳かな説教を聴き、お守りや護《ご》符《ふ》を取り外し、聖水をかけられる。こうなったとき、彼はもはや共同体の中の訴訟の一方の代表ではない。彼は正義を守るものとなるのである。(61) 神判は人間集団の中の対立が行きづまり、デッドラインにのりあげたときに執り行われる。その意味で神判は、暗黙の内に、共同体という爆薬の信管《しんかん》を取り外す行為なのだ、という。

神判に参加するのは共同体の全員であり、彼らにとっては、それは一大スペクタクルであった。それは、ほとんど文字が読めない人々にとっては、デモンストレーションともなる儀式であった。神判において当事者が真っ赤に焼いた鉄を握ったり、煮えたぎる熱湯の中に手を突っ込んだりする行為や、厳かに包帯をし、三日後に集まった公衆の面前でそれをといてみせる行為も含めて、それらの全体は、人々の記憶に深く刻み込まれる行為であった。

したがってブラウンは、神判の仕方それだけを取り出して判断してはいけない、というのである。神判は強制ではないから、いつでもどの段階でも中止することができた。ヴァラドでは一二〇人が実際に途中で中止している。いずれにしても神判の結果は、予め予測し得ない曖昧《あいまい》なものであり、三日後に傷が治っているばあいもあれば、治らないばあいもあった。しかし合意が結晶するのは、神判がまさに曖昧なものであったからだ、という。この点では神判の効果は、参加した人々の感情の強さにかかっていた。ノジャンのギベールの伝えるところによると、ソワッソンの異端に対して神判（水審）が行われたとき、被疑者が小枝のように水に浮かんだのを見て、教会の全員は喜びの声をあげたという。神聖な水が異端を拒んだからである。(62)

十二世紀以前のヨーロッパの小共同体は、聖なるものが俗なるものに介入してくることに問題の解決を求めていたのである。したがってブラウンによれば、そのような共同体が残存していたならば、神判もそれと共に生き残ったであろう、ということになる。「合理主義の台頭や聖職者による神判に対する批判などは、ほとんどその過程（神判の消滅）とは関係がなかった」というのである。[63] その例としてブラウンは、一二一五年以後も神判が聖職者の介入なしに行われた例をあげている。「イタリアの党派性の強い諸都市では、合理主義が浸透し、成文法の強制力が働いていたにもかかわらず、神判の本質はバランスのとれた、しかし分裂し易い共同体の傷を癒《いや》す方法として残っていた」という。

ピーター・ブラウンは、ここで聖人崇拝との関連に目を向けている。たしかに聖遺物《せいいぶつ》はただの骨や土にすぎず、確かにその聖人のものであるという証拠もなく、まことに曖昧なものである。しかしその聖遺物に聖なるものが凝縮して現われている、と見なされるのであり、神判のばあいと同様に曖昧であることが、その力の秘密であったという。聖遺物は人間の集団の価値に満たされた物であった。なぜなら聖遺物が遠方からもたらされたとき、それが聖遺物であることを判定したのが、人間の集団だったからである。ひとたび聖遺物になると、それは諸集団の客観的な価値の貯蔵庫になる。聖遺物は、しかし、人間世界とは本質的に異なった物であったからこそ、あらゆるレベルの人々の生活と深く関わることができたのである。

十二世紀に聖と俗の間に境界がひかれ、主体としての人間が生まれてゆくのに対して、客観化された形で nonhuman なものがハッキリと姿を現わし始めた。一方で町や村の小さな人間の集団が解体され、人々は親族の絆《きずな》などの中にもはや安全を求めなくてもよくなっていた。こうして流動的となった集団の中で、インパーソナルな関係が増大し、神判を不要なものにしていったのだ、とブラウンはいっているのである。

他方で、神判は相争う両者の面子《メンツ》を失わせずに、長く続いた争いを解決するための手段であった。十二世紀のコミュニティーでは、このような問題解決の構造自体が変化しつつあった。それは共同体の中での合意に代わって、上からの権威がかぶさってくる形になってきたし、インテリや神学者の主張する理性の行使は、権威の行使に他ならなかったからである。こうしてピーター・ブラウンは、小共同体の変化とインパーソナルな関係の成立ならびに上からの権威による問題の解決方法が作られたことによって、神判は消滅したというのである。

ピーター・ブラウンの論稿の中では、小共同体の解体という論点には問題があり、十二世紀の段階でそれらの小共同体の中にインパーソナルな関係が成立していた、と見ることは困難である。しかしながら共同体内部における合意形成の手段としての神判に代わって、ローマ法に基づく糾問訴訟が、上からの権威によって確立するという論点は重要である。

山本幸俊氏が、「近世初期の論所《ろんしょ》と裁許《さいきょ》――会津藩を中心に」のなかで、本来は在地で完結した裁許の方法としての神判が、公権力に吸収、収斂《しゅうれん》される方向が生まれていたことを指摘していることとも一致していて、興味深い。「幕藩体制国家の成立（期）における村落のあり方とは、村落の（もった）神が否定され、村落共同体の核であった肝煎《きもい》りが支配の末端に取り込まれ、村落間の結合が分断される中で、近世村落として再編成されることであった」と主張しながらも、山本氏は幕藩体制下における論所の多発と、裁許があっても何回でも立ち上がる村方の動向などから、依然共同体のもつ独自の契機を無視できないという。それはやがて百姓一揆が新たな神に結ばれてゆくこととつながってゆくのである。わが国における神判の動向は、すでに述べたヨーロッパにおける神判の歴史との関連で極めて興味深いものがある。日本ではたしかに鉄火や湯起請は消滅に向かった。しかし入札《いれふだ》などの形は、姿を変えて生き残った、とも見られるからである。

ところでピーター・ブラウンの説に対しては、R・バートレットから厳しい批判が寄せられている。バートレットは主としてフランクの神判の問題を扱い、第四回ラテラノ公会議に結晶するカノン法学者や神学者による神判の批判によって神判は消滅に向かった、と説いている。(64) 問題は慣習をめぐる論争であり、あるものは慣習だという理由で弁護し、あるものはたかが慣習にすぎない、という理由で攻撃した。その慣習が合理的かどうかも問題であった。十二世紀のカノニストや教皇は、それが非合理的なものであると判断していた。バートレットは「それが非合理的だから廃止されたのではなく、廃止されたから非合理的なものとされたのだ」(65)という。神判は呪術や迷信として位置づけられていった。神判は神の力を試すものだとして退けられていったのである。トマス・アクイナスも、神判は神に奇跡を求める点で正しくない、といっている。[66]自然と奇跡とサクラメントの三つのカテゴリーが厳しく区別されてゆくなかで、神判はいずれのカテゴリーにも属さないものだったのである。[67]

バートレットは神判を、原始的なものでも、民衆のものでも、異教のものでもないという。それはキリスト教の王権のもとで盛んに行われ、初めから司祭が関わっていた。しかし聖俗の分離と俗界裁判権の確立という新しい事態の中で、グレゴリウス九世の勅令では、教会の司祭や修道士は世俗の事件に関わってはならない、と定めている。神判に司祭が関わることは、この原則と対立することとなり、やがて決闘や神判は教会や司祭の面前で行われてはならない、と定められ、こうしてバートレットは、神判は教会側の態度の変化によって消滅した、というのである。そこで神判にとって代わったのが拷問《ごうもん》であった。

バートレットの議論の中で私たちが関心をもつのは、神判と告解《こっかい》との関係についてである。[68]前章ですでに明らかにしたように、十二世紀には第四回ラテラノ公会議の結果、成人男女は少なくとも年に一回告解をすることを義務づけられていた。そこで神判との関係で問題が生ずることになるのである。罪を犯した人間が悔い改め、告解を行って罪を償ったばあい、彼が神判をうけたとき、必ず神は彼を無罪とするのか、という問いである。一一八三年にイープルで一二人の者が鉄火裁判を受けたが、告解のおかげでみな無事だったという。五〇年後にハイステルバッハのカエサリウスは、『奇跡をめぐる対話』の中で、次のような話を伝えている。

証人と裁判　14世紀　ザクセン公の前で誓約《せいやく》補《ほ》助者《じょしゃ》たちが証人となる。

神判による裁判が退けられたあと、それにとって代わったのが拷問《ごうもん》だった。16世紀

一六章

燃える鉄による裁判を受けた者が、その後、告解をしたため助かった話。

カンブレーの町で過去五年の間に何人かの異端《いたん》が捕らえられたが、皆死を恐れて異端であることを否認した。司教が司祭をつかわして燃える鉄による裁判を行い、傷を負った者は異端と見なすと定めたため、皆神判にかけられ、鉄火によって傷ついた。彼らが処刑場に連れて行かれようとしたとき、貴族の生まれの男が司祭に引き留められ、悔い改める機会を与えられた。「お前は平凡な者ではないだろう。私はおまえに同情しているし、とくにおまえの魂を憐れんでいる。これほどさまよった後なのだから、理性を取り戻し、過ちから真理に立ち返り、この世の死が永遠の死にならないようにすべきだと思う」と語ったのである。すると男は「私は間違っていたと思います。こんなに遅くなってから悔い改めても間に合うなら、告解をしたいと思います」と述べた。司祭は本当に悔い改めるというならそのほうがいい、といって告解をさせた。男はすべてを心から告解し、命が長らえるなら神の御旨《みむね》にかなうよう暮らす、と誓った。主は告解の力を示され、男が告解を始めるやいなや手の傷は小さくなり、告解が進むにつれて消えてゆき、司祭はそれを目撃した。告解が半分終わった時、告解の力は手の傷のすべてを消えさせ、手は元の姿に戻っていた。役人がやってきて男を刑場に連れて行こうとしたとき、司祭はなぜ来たのかと尋ねた。役人は手に傷を負った者は火刑に処する決まりだから、といった。司祭は男の手を見せ、自由にしたが、他の者は火の中で死んだ[69]。

カエサリウスには告解に関する話が他にもある。

三五章

密通していた漁師が、鉄火裁判を受けながらも告解をしたため無傷であったが、後に再び罪に落ちたため、水審で傷ついた話。

リヴォニアの司教リッパのベルナルドゥスは、よく全く反対の奇跡の話をされた。ユトレヒト司教区で、ある漁師が女と密通していた。彼の罪は人々に知られていたので、会議に呼ばれて訴えられることを漁師は恐れており、一人ごちた。「不幸な男よ、おまえはいったいどうするつもりかね。私通で訴えられて自白すれば彼女と結婚しなければならないだろう。否定すれば鉄火の裁判を受けなければならないだろう。酷《ひど》い目にあうことになる」。そこである日、男は、司祭のところに行き、すべてを告白したが、それは後で明らかになったように、正義を愛したためというよりは罰を恐れたためであった。何れにしても彼は罪を告白し、助言を求めた。司祭は「おまえが心から罪を犯さないという願いをもっているなら、何にも恐れることなく、焼けた鉄を持つことができよう。そして罪を否定しえよう。告解の功によっておまえは救われるだろう」といった。こうして彼の密通を知っているものが皆驚いたことに、彼は鉄火でも傷つかなかったのである。

……この男は釈放された。何日か後、他の漁師と一緒に川で漁をしていたとき、例の女の家が見えた。漁師の一人がこういった。「裁判の鉄の火でおまえが火傷《やけど》しなかったので、俺はびっくりしたぜ。おまえの罪ははっきりしていたからな」男は自分に与えられた恵みを自慢した。彼には例の女と再び罪を犯したい、という欲望があったから、手で川の水をたたき、「見ろよ、火で俺はこんなに傷ついたんだぜ」といった。すると不思議なことに神の正義よ。悔い改めた者を憐れみ深く守りたもう神は、裏切った者を正しくも罰せられたのである。彼が水に触れるやいなや、水は真っ赤に焼けた鉄と同じものになった。男は大きな叫び声をあげたが、彼の手の皮は水の中に残っていた。彼は仲間に起こったことをすべて話し、遅ればせながら悔い改めたのである。(70)

この種の説話は、たしかに告解の効果を知らせるうえで役にたったと考えられるが、同時に神判の効果を信じがたくさせるものでもあった。しかしここで興味があるのは、罪と犯罪の区別が生まれていることである。(71)悔い改めた者に対して償いを課し、許しを与える司祭にとっては、犯罪というカテゴリーは重要ではなく、問題は神に対する罪だけである。しかしながら世俗権力にとっては犯罪の方が重要であった。バートレットはこう述べて、法廷から十三世紀に神判が消えてゆくのは、罪と犯罪の区別がはっきりしてきたためだという。サクラメント神学が展開し、告解が十二・十三世紀に普及してゆくにつれて、聖職者にとっては神判を続けてゆくことが困難になっていた。それはいわば聖と俗の分離の必然的な結果でもあった。

すでに前章で明らかにしたように、告解の普及は西欧における個人のあり方と不可分のものであった。十二・十三世紀に告解が義務づけられたということは、西欧における個人の人格の成立の大きな前提となっていたのである。ピーター・ブラウンもバートレットも、神判の消滅の前提として、聖と俗の分離をあげている。両者の議論はかなり離れているが、この点では一致しており、神判が消滅した後、拷問による自白を証拠とする糾問訴訟が行われるようになる点でも、一致している。拷問による糾問訴訟が、神判に代わって一般化して以来、審問官と裁判官が以前より大きな力を持つようになり、神判の時代とちがって、神と人間の間に新たな線が引かれ、それによって人と人の間にも新しい格差が生まれることになった。(72) この問題は他の問題とも関わる重要な事実である。

告解のマニュアルである贖罪規定書《しょくざいきていしょ》を分析してみると、そこでは性犯罪や殺人、暴力行為などの他、自然世界との関係と呪術的な関係が、罪として記録されている。占いをすること、吉日に家を建てること、吉日に結婚することなどが罪とされている。別の書物で明らかにしたのでここでは繰り返さないが(73)、自然世界との呪術的関係を断ち切ることによって、西欧における個人は成立したのである。この問題こそが、神判の消滅に最も深い関わりをもっていた、と考えられる。

十二・十三世紀を境にして、西欧においては聖と俗の分離が起こり、その状況が何よりも第四回ラテラノ公会議の決議に反映している。そこでは神判に聖職者が関わることは禁じられ、事実上、長い歴史を持つ神判に終止符が打たれることになった。しかしそれと前後して、各地に成立した贖罪規定書において、迷信・俗信は徹底的に退けられていたから、この頃にヨーロッパにおけるアニミズムの伝統は、少なくとも公の次元からは姿を消すことになった。この事実のもつ意味は極めて大きい。この公会議で成人男女は少なくとも年に一回告解をすることを義務づけられていること、そしてそれが西欧における個人の成立の第一歩であったことは、すでに前章で明らかにしておいた。聖と俗の分離は、俗信や迷信の排除だけでなく、罪と犯罪の分離をも促し、それが個人の内面と集団の中での個人の位置に、大きな意味を持つことになった。個人と社会の絆《きずな》に合理的な関係が貫かれる道が開かれたのである。カロリング・ルネサンス以来、罪の意識の普及を国家建設の大きな力と見なしてきた西欧の国家は、ここで再び再編成を図らなければならなくなったのである。アベラールとエロイーズの往復書簡は、その間の事情を見事に伝えている。

他方でわが国を見ると、聖なるものが世俗社会の中で求心的な力を持つことがなかった反面で、呪術や迷信のような形では日常生活のあらゆる分野に浸透しているのである。聖なるものが体系的な力を持たなかったから、聖と俗の分離も起こらず、したがって罪と犯罪の区別も曖昧なまま、となっている。今でもテレビドラマなどに出てくる刑事たちは、犯罪を取り締まりながら、犯人に対していつも道徳的な説教を繰り返している。罪を憎んで人を憎まず、などという言葉もある。犯罪と罪が混同されているのである。古代以来のケガレの意識が、形を変えながらも今日まで生きのこっているのである。私たちの中にあるこのような呪術的なるものの存在をまず意識し、自覚するところから、私たちの人格の問題を探索する試みは始められなければならないだろう。私たちはわが国の人間関係の中から呪術的なるものをすべて否定することはできないだろう。しかし人間関係の中に、ある程度は合理的なものを導入しなければ、わが国の民主主義も人権問題も到底現実には達成できないだろう。この問題はまずわが国における人間関係の基本線を捉えることから、始めなければならない。本稿はそのためのささやかな第一歩にすぎない。

注

（1） W. H. Auden, *About the House.* London 1966, p. 14.

（2） Colin Morris, *The Discovery of the Individual, 1050-1200*. University of Toronto Press, Toronto, London 1987, p. 2.

（3） カント『啓蒙とは何か』篠田英雄訳　岩波書店　七頁

(4) 部落解放研究所編『部落解放史』下巻　解放出版社　一九八九年　二一三頁

(5) 日本人の日常生活のなかでの贈与・互酬関係のあり方についてはくり返し扱ってきたのでここではとりあげない。阿部謹也『中世賤民の宇宙』筑摩書房　一九八七年、並びに Kinya Abe, Wesen und Wandel der Reziprozität in Europa und Japan. *Soziale Welt*, Sonderband 1992.

(6) 『吾妻鏡』文暦二年閏六月廿八日条「起請失の篇目」。『中世政治社会思想（上）』岩波書店　一九七二年　一二四頁。但し下血の条では楊枝を用いた時や女性の生理、痔病の場合は除くとか、はじめから病気である場合を除くなどかなり詳細に定めている。

(7) 可児光生「神判としての起請をめぐって――中世東寺を中心に」、『年報中世史研究』五号　一九八〇年　一〇六頁

(8) 石母田正「古代法の成立について」、『歴史学研究』二二九号　一九五九年　六頁

(9) 石母田正　同六頁

(10) 藤木久志『豊臣平和令と戦国社会』東京大学出版会　一九八五年　一五八頁

(11) 藤木久志　同一五八頁

(12) 山本幸俊「近世初期の論所と裁許――会津藩を中心に」北島正元編『近世の支配体制と社会構造』吉川弘文館　一一三頁

(13) 藤木久志前掲書　一六一頁

(14) 山本幸俊前掲論文　一一二頁

(15) 牧野信之助『武家時代社會の研究』刀江書院　一九四三年　四八頁

(16) 山本幸俊前掲論文　一一四頁

(17) 山本幸俊前掲論文　一一五頁以下

(18) 福田アジオ「近世成立期の村落間相論と民俗――宇治川原村を中心にして」、『甲賀貴生川の社会と民

俗』福田アジオ編　国立歴史民俗博物館民俗研究部　一九八七年三月　九頁

(19) 牧野信之助前掲書　五五頁

(20) 牧野信之助前掲書　五九頁

(21) 牧野信之助前掲書　六〇頁

(22) 藤木久志「村の入札・多数決の習俗」、『文献史料を読む・近世』、『歴史の読み方』六　朝日新聞社　一九八九年　二九頁

(23) 瀬田勝哉「神判と検断」、『日本の社会史』五「裁判と規範」岩波書店　一九八七年　五九頁以下

(24) 藤木久志「村の入札」　三二頁

(25) 本稿では神判の全面的な研究を行うわけではなく、わが国における神判の展開と対比する意味でヨーロッパにおける神判をみるに留める。神判の全面的な研究は別の機会に改めて扱いたい。ヨーロッパにおける神判研究の展望に役立つ文献をここでは最小限度あげておく。Hermann Nottarp, *Gottesurteilsstudien.* Bamberger Abhandlungen und Forschungen. II. Bde. München 1956, Petrus Browe, *De Ordaliis, Textus et Documenta.* Romae 2 vols. 1932, 1933, Adalbert Erler, Der Ursprung der Gottesurteile. *Paideuma, Mitteilungen zur Kulturkunde.* 2, 1941, S. 441., Hans Fehr, *Die Gottesurteile in der deutschen Dichtung. Festschrift für Guido Kisch.* Stuttgart, Max Pappenheim, Über die Anfänge der germanischen Gottesurteils. *Zeitschrift der Savigny-Stiftung für Rechtsgeschichite.* G. A. Bd. 48, 1928.

(26) 久保正幡訳『サリカ法典』創文社　一九七七年　一四六頁

(27) 久保正幡訳『リブアリア法典』創文社　一九七七年　一一三頁

(28) Gregor von Tour. De gloria martyrum. *MGH. Scriptores rerum Merovingicarum.* 1. Hannover 1885, S. 542 f., Browe, *De Ordaliis,* Bd. II. 15. S. 22.

(29) Nottarp, *a. a. O.*, S. 51 f.
(30) Nottarp, *a. a. O.*, S. 56.
(31) 久保正幡・石川武・直居淳訳『ザクセンシュピーゲル・ラント法』創文社　一九七七年　一一八頁
Nottarp, *a. a. O.*, S. 55 f.
(32) P. Browe, Die Abendmahlsprobe im Mittelalter. *Historisches Jahrbuch*, 48, Bd. 1928, S. 13 f., Erler, *a. a. O.*, S. 51.
(33) Nottarp, *a. a. O.*, S. 90.
(34) Nottarp, *a. a. O.*, S. 35.
(35) Nottarp, *a. a. O.*, S. 17.
(36) Vita Henrici II. imperatoris. cap. 21. *MGH. SS.* 4. Hannover 1841, S. 805.
(37) Browe, *a. a. O.*, Bd. II. S. 10.
(38) Gottfried von Strassburg, *Tristan. Deutsche Klassiker des Mittelalters.* NF IV. Wiesbaden 1978, S. 13 f.
(39) Nottarp, *a. a. O.*, S. 53.
(40) Nottarp, *a. a. O.*, S. 56.
(41) *MGH. Conc.* 2. Hannover 1906, S. 215 f.
(42) Nottarp, *a. a. O.*, S. 57.
(43) Nottarp, *a. a. O.*, S. 58.
(44) Nottarp, *a. a. O.*, S. 57.
(45) Browe, *Ordaliis*, Bd. II. S. 26.
(46) Browe, *Ordaliis*, Bd. II. S. 36.

(47) カール・フォン・アーミラはタキトゥスの『ゲルマーニア』に神判の記述がないことから神判はキリスト教によって導入されたもので、神判自体はオリエント起源とみている。しかしパッペンハイムはキリスト教が導入したとする説に反対している。Karl von Amira, *Grundriß des germanischen Rechts*. 1913, S. 197., Pappenheim, *a. a. O.*, S. 142 f.

(48) Nottarp, *a. a. O.*, S. 57.

(49) Browe, *Ordaliis*, Bd. II. S. 14.

(50) Browe, *Ordaliis*, Bd. I. S. 11. P. Browe, Die Abendmahlsprobe im Mittelalter. *HJ*. 48, 1928, S. 193 f.

(51) Charlotte Leitmaier, *Die Kirche und die Gottesurteile*. Wien 1952, S. 47.

(52) Leitmaier, *a. a. O.*, S. 90 f., Browe, *Ordaliis*, Bd. II. S. 22 f.

(53) John W. Baldwin, The intellectual Preparation for the Canon of 1215 against Ordeals. *Speculum* vol. XXXVI. 1961, p. 613 f.

(54) De legibus paribilibus sublatis, *Die Konstitutionen Friedrichs von Hohenstaufen für sein Königsreich Sizilien*, Bd. II, Köln, Wien 1973, S. 216 f.

(55) *Handwörterbuch des deutschen Aberglaubens*. Berlin, Leipzig 1930 / 31, Bd. III. S. 1019.

(56) Le registre de Varad. Un monument judiciaire du début de XIIIe siécle. *Revue Historique de droit française et étranger*. vol. 32. 1954, p. 327 f.

(57) Peter Brown, Society and the Supernatural. A Medieval Change. *Society and the Holy in Late Antiquity*, University of California Press, 1989, p. 302 f.

(58) Brown, *ibid.*, p. 304.

(59) Richard William Southern, *Western Society and the Church in the Middle Ages*. 1970, p. 29.

(60)　Brown, *ibid.*, p. 307.
(61)　Brown, *ibid.*, p. 313.
(62)　Browe, Bd. II. S. 43. John F. Benton, *Self and Society in Medieval France*. University of Toronto Press, 1984, p. 214.
(63)　Brown, *ibid.*, p. 317.
(64)　Robert Bartlett, *Trial by Fire and Water. The Medieval Judicial Ordeal*. Oxford 1986, p. 102.
(65)　Bartlett, *ibid.*, p. 86.
(66)　Browe, Bd. II. S. 87.
(67)　Bartlett, *ibid.*, p. 87.
(68)　Bartlett, *ibid.*, p. 79.
(69)　*Caesarii Heisterbacensis monachi ordinis cisterciensis Dialogus Miraculorum. Textum ad quatuor codicum manuscriptarum edditionique fidem accurate recognovit Josephus Strange*, coloniae MDCCCLI. vol. 1. p. 132.
(70)　*Dialogus Miraculorum*, vol. II. p. 243.
(71)　Bartlett, *ibid.*, p. 81.
(72)　Bartlett, *ibid.*, p. 143.
(73)　阿部謹也『西洋中世の罪と罰』弘文堂　一九八九年　一六一頁

（本章の作成にあたっては福田アジオ、瀬田勝哉の両氏から文献の御教示をえた。記して謝意を表したい。）

Ⅳ　西欧における愛のかたち

一　「愛」、その実質

第一章で、日本においては明治期から西欧の人格概念が輸入され、現実には西欧的な個人が成立していないのに、あたかもそれがあるかのごとき幻想がつくられ、公教育や文芸時評その他のなかで、「人格」や「個人」が言葉としてのみ定着していったことを指摘した。それと同じことが、「愛」という言葉についても、いえるであろう。古来、わが国では、男女間の関係を示すのに「愛」という言葉はほとんど使われず、「想《おも》う」という言葉が使われていた。「愛」という言葉は、漢語として中国から輸入され、平安末期に『今昔物語《こんじゃく》』のなかで「愛」という言葉が使われるようになるが、それは釈迦《しゃか》の教えにおける煩悩《ぼんのう》として、退けなければならないものであった。また男女間の愛は、仏教思想においては愛欲であり、「愛」という言葉は、性愛として特に肉体関係を意味し、心理状態を示すものではなかった。室町期に、西欧の伝道師がキリスト教の愛を伝えようとしたときに、「大切《たいせつ》」、「ご大切」という訳語を用い、「愛」という言葉を避けたのも、当時の日本で「愛」という言葉がもっぱら性愛としてのみ理解されていたためだ、と考えられる。

わが国では男女の関係は、「惚《ほ》れる」とか「恋する」、「慕《した》う」あるいは「想う」という言葉で表現されてきた。私たちにとっては、これは極めて明白な意味内容をもつ言葉であり、曖昧《あいまい》なところはない。しかしながら明治以降、西欧の思想、文化が輸入されるとともに、「社会」「個人」「人格」などの言葉とあわせて「愛」という言葉も輸入され、親子の関係や男女間の関係も「愛」という言葉で表現されるようになった。ところがそのとき輸入された「愛」という言葉は、西欧の歴史に深く根ざす言葉であり、その根底にはキリスト教の教えがある。それは、大まかに言ってしまえば、マルコ伝（一二―三〇、三一）の、「心をつくし、精神をつくし、思いをつくし、力をつくして、主なるあなたの神を愛せよ」、ついで「自分を愛するようにあなたの隣人を愛せよ」であろう。ここでは、神への愛が隣人への愛と同じものとして、同じ言葉で表わされている。他人をも自己と同じものとして捉えようとしている点で、西欧近代社会の原点ともいうべき個人、人格のありかたと不可分の関係にある愛が、ここに示されている。

日本の伝統的な人間関係の中に持ち込まれた「愛」という言葉は、西欧社会への憧れの風潮のもとで急速に広がり、親子関係の中にも「母の愛」という形で取り込まれていった。親が子から、子が親から自立していないこの国の風土のなかで取り込まれたこの言葉は、「母の愛」という言葉のもとで、事実上、親の子に対する支配を正当化することになり、わが国の親子関係に大きな影響をおよぼし、今もおよぼし続けている。「祖国愛」や「母校愛」、「郷土愛」などの言葉によって「愛」という言葉は、西欧とは違った意味で近代日本のなかで大きな位置を占めるにいたったのである。

ところで男女関係に絞ってみると、わが国では、かつて伊藤整が「近代日本における『愛』の虚偽」[1]で示したように、「他者を自己と全く同じには愛し得ないが故《ゆえ》に、憐れみの気持をもって他者をいたわり、他者に対して本来自己が抱く冷酷さを緩和する、という傾向が漂っている。だから私は、孔子の『己《おのれ》の欲せざる所を人に施すことなかれ』という言葉を他者に対する東洋人の最も賢い触れ方であるように感ずる」[2]という捉え方が、かなり一般的なのではないだろうか。伊藤整は、同書のなかで、「神とか仏という絶対者を想定して、現世のマイナスが来世において、または神の支配する理想社会において償われる、という確信を予定するのでなければ、我々は絶対に他者を自己と同様に愛することはできないし、また自己を殺してまで他者を憐れむこともできない」と説き、キリスト教においては、「懺悔《ざんげ》とか祈りという転換行為の設定によって、常住《じょうじゅう》に立ち直りの機会が信者のために設けられている。悔い改めること、善の理想への同体化を願うことは、命令が不可能であるという前提において存在して、不可能であるが故に無限に繰り返される行為を呼び起す」、と言っている。

周知の通り、キリスト教の結婚式においては、死ぬまで愛し合うことを二人は誓うのである。「不可能の愛が結婚の中にまで持ち込まれている」。そのために、誓いと現実の間に距離が生じ、言葉はただの言葉に過ぎず、偽りを生む結果になっている。伊藤整は、信仰による祈り、悔悟などがないときに、夫婦の関係を「愛」という言葉で表現することには根本的な虚偽があると言っている。

「明治以来、我々が取り入れた西洋文学の恋愛の思想は、このようなキリスト教の宗教生活の中でのみ実践性があるものである。それを我々はその実践性、願望や祈りや懺悔などを抜きにして、形の上でのみ、疑うべからざる最も合理的で道徳的な人類の秩序の考え方として受け容れている。……我々は憐れみ、同情、手控《てびか》え、躊躇《ためら》いなどを他者に対して抱くが、しかし真実の愛を抱くことは不可能だと考え、抱く努力もしないのだ。即ち仏教的に言えば、そのような愛を抱くことのできぬことが我々の罪深い本性であり、その本性を持ったままで我々を救うのは仏なのである[3]」。

「以上のような心的習慣を持つ東洋人中の東洋人たる日本人が、明治初年以来、『愛』という翻訳言葉を輸入し、それによって男女の間の恋を描き、説明し、証明しようとしたことが、どのような無理、空転、虚偽をもたらしたかは、私が最大限に譲歩しても疑うことができない。……我々にとって男女の愛は恋である。それを愛に同化したいという祈りの念を我々は持っていない。我々は、他者と非現世的な愛という形で組み合わされることにはおびえがちだ。我々は社会を離れ、隠遁し、孤独になるときに心の平安を得るという古い心的習慣をまだ強く持っている。他者との結びつきには我々を不安にするものが常にあるのだ。我々が他者との間に秩序を形成するとき、それは他者を同一の人と見るよりは、上下の関係においてみる傾向を持っている」。

「キリスト教系の祈りの発想のないところでの夫婦の愛というものは、大きな疑いの目で見直されなければならぬ。ヨーロッパ思想の最大の虚偽（やむを得ざるところの）が存在しているのは、『愛』という言葉による男女の結合においてである。その点では、我々の方が遥《はる》かにリアリストである。我々は恋と慈悲との区別を知っている。愛という言葉を優しい甘美なものとしてその関係に使う場合にも、我々は『恋愛』として限定する。その実質において征服と被征服の関係であり、相互利用の関係であり、または肉体の強力な結びつきにおいて、対象を取り変えないことを道徳的に拘束するこの関係を、神の存在を前提としてのみ成立し得る『愛』によって証明してきたこの百年間に、異教徒の日本人の間に多くの悲劇が生れた」(4)。伊藤整はこのように言っている。

私は、伊藤整の問題提起それ自体は正当なものと考えているが、はたして西欧における愛のかたちは、伊藤整が整理したものだけなのだろうか、ということも問わなければならないだろう。この問いは、西欧の愛に関する伊藤整の説明だけでなく、伊藤整が日本あるいは東洋人の性格について述べていることにもかかわってくるであろう。はたして私たちは社会から離れて孤独になったときに、本当に心の平安を得るのだろうか。そしてそれは東洋人のみの態度といえるのだろうか。こうした点についても吟味《ぎんみ》する必要があるだろう。

愛の西欧的なあり方を考察するためには何よりも、恋愛が発明されたといわれる十二世紀のトゥルバドゥールの世界を見なければならないのだが、その前に、古典古代とキリスト教における愛の位置づけを概観しておく必要がある。

二　プラトンと初期キリスト教における愛

古典古代から現在まで、西欧における愛の原型はプラトンによっている、といっても過言ではないだろう。あとで論ずる宮廷風恋愛と中世の神秘主義思想における神との合一も、プラトンに原型をもっているのである。プラトンは『饗宴《きょうえん》』において、愛のさまざまな形を扱っている。ファイドロスは、「少年に当って立派な愛者《エラステース》をもつこと、また愛者にとっては愛する少年《パイディカ》を持つこと以上に大いなる好事が在るとは主張しえぬ[5]」という。このような関係をもっているものは、決して恥ずべき行為は行えない。誰よりも自分が愛する少年には、恥ずべき自分を見せたくないからだ、といい、愛が人格にかかわるものであり、愛者をもつことは人格の向上をもたらす、といっている。プラトンにおける愛は、最終的には、他人に依存する状態から解放され、善あるいは美と一体化するところまでゆくのである。

聖書を中心にしてみれば、「ヨハネの第一の手紙」（四－一六）で、「私たちは、神が私たちに対してもっておられる愛を知り、かつ信じている。神は愛である。愛のうちにいる者は、神におり、神も彼にいます」とある。そして「ローマ人への手紙」（五－五）には、「そして、希望は失望に終わることはない。なぜなら、私たちに賜っている聖霊によって、神の愛が私たちの心に注がれているからである」。

新約聖書においては、愛を意味する言葉（アガペとエロス）のうち、エロスは用いられず、アガペが用いられている。初期キリスト教会の信徒が、互いの兄弟愛を表わし、ともにとった食事を「愛餐《あいさん》」というが、本来の意味は、前述の一切が神の与える愛に起因する、という考え方にたち、「汝《なんじ》の敵を愛せ」という教えのように、利己主義を放棄し、欲望と苦悩にとりつかれた自己を放棄することを意味している。このことは、男女の関係に照らしてみると、「エペソ人への手紙」（五－二五）の、「夫たる者よ。キリストが教会を愛してそのためにご自身を捧げられたように、妻を愛しなさい」という言葉に示されている。ここには人間的欲望が入る余地はない。これに対してエロスは、自己に欠けたものへの欲求であり、その欲求が対象そのものよりも、対象に発するより高いものに向かうとき、一者との合一を目指すものとされている。

ところでこのような愛の定義は、キリスト教の中で主として教父たちや学者によって、つくられていったものである。キリスト教徒といえども、男と女が愛し合うということは知っていたが、それはあくまでも神の愛に従属するものであり、神の愛がなければ人間の愛などは罪以外のものではない、と考えられていたのである。神とかかわることのない愛は、アウグスティヌスにとっては cupiditas 欲望であり、神と深くかかわる真の愛は caritas として、区別されている。しかしこのような考え方は、聖書学者や教父のものであって、一般の世俗の人々が男女の愛をどのように考えていたのかを知ることは容易ではない。ただ一つ考えられる方法は、文学作品の中で男と女の関係がどのように叙述されているか、を見ることであろう。ところがこの分野においても、世俗の愛の叙情詩も愛のロマンも十世紀まではほとんど見られないのである。六世紀に、ガリア生まれの司教トゥールのグレゴールの『歴史十巻』の中には自由民の娘に乱暴しようとして逆に娘に殺されてしまう公の話がある。その娘を家来が殺そうとしたとき、死にかけていた公が自分が暴行したのが悪いのだから娘を殺すなと命じている（九巻‐一〇）[6]。グレゴールにおいては、神と霊の間の神秘的な愛についてはなにも書かれていないのである。メロヴィング時代の詩人ヴェナンティウス・フォルトュナトゥス（五三〇頃〜六〇〇頃）が聖人ラデグンデ（五二〇〜五八七）にあてた詩句には、わずかに古代の愛の悲歌の形式が用いられているが、彼は同じ形式を未知の人にも贈っているのである。

このような状況であったから、十一、十二世紀になって、聖俗いずれの世界においても愛が論じられるようになったことは、驚くべきことであった。修道院と宮廷がその舞台であった。いずれも新たに成立しつつあった都市の影響を受けていたが、一方では神秘的な形でキリストと合一しようとする運動として、他方では男女両性の間の結びつきの世俗的な情景として、展開していったのである。トゥルバドゥールの詩に始まる形式は、その後の西欧文化に大きな影響を残した。トゥルバドゥールの詩は放浪学生たちの歌、トゥルベール、ミンネザングを経て、宮廷ロマンへと展開していったからである。個人が自分の感覚や感情を反省したり、恋人同士の対話などが作品に登場し、それと同時に、愛についての理論的な考察も現われた。アンドレアス・カペルラヌスの『愛の技法について』や、ハルトマン・フォン・アウエの『小冊子』などが挙げられよう。古代における愛の詩が、手書本《てがきぼん》の形で普及し、また俗語の歌の形で広がり、一種の中世のオヴィディウスの感を呈したといわれている。

十一世紀末から十二世紀にかけて、いわゆる宮廷恋愛が詩作に現われ、愛が発見されてゆく以前の西欧社会における男女関係のあり方をまず見ておこう。

三　十二世紀以前——愛が発見されるまで

初期中世から近代に至るまで、結婚は愛とはほとんど無関係のものであった。結婚は家と家の絆《きずな》であり、家の利害関係によって定められ、利害関係に反すればいつでも解消された。夫にとって妻は財産の一つに過ぎなかったのである。このような結婚の社会的条件に加えて、教会は性的関係を夫婦の間でも必ずしも望ましいものとはみておらず、子供を生むためにのみ、快感を伴わずに行われるときにのみ認められる、と定めていたから、自分の妻を激しく愛する者は姦淫《かんいん》を犯したとされたのである。

夫婦の性的関係については、より寛容な見方をする者もいるが、いかなる聖職者も認めることができなかったのが、情熱であった。性行為を認めている学者でも、情熱は悪魔の所行《しょぎょう》として断罪している。情熱は、神に対してのみ向けられるべきものだったからである。このような男女の関係は、初期中世の文学作品においては、どのように表現されていたのだろうか。シャルルマーニュの娘ベルトと詩人アンジルベールとの愛について、このように伝えられている。

アンジルベールは、ある夜、ライン河畔のロルシュ城のベルトの寝室に忍び込んだ。一夜を共にした翌朝、城を去ろうとすると、あたり一面の雪であった。アンジルベールは、その朝、自分の陣に帰らなければならなかったが、雪の上に足跡を残さずに帰るにはどうすればよいのか。ベルトは、迷うまもなく、アンジルベールを背負って雪の中を歩いて城外に連れ出した、といわれている。(7) ここには、十二世紀の宮廷風恋愛の中での男性と女性の関係とは全く異なった関係が描かれている。

「ローランの歌」の終わりのオードの話も見ておこう。

皇帝イスパニアより還御《かんぎょ》ありて
フランスの首都エックスに入御《にゅうぎょ》
階を登りて大広間に入らせ給う
おりしも美しい乙女オード出迎えて
王に言うには、「陛下ローラン様はいずくに私を妻にと約束なされましたが」
シャルルは御心重く、切なく
御涙を流し、白髭をしわがせ給いて
「妹よ、やさしの友よ、そちは亡くなった人のことを尋ねる
良い替わりの者をとらせようぞ
ルイじゃ、これ以上の替わりはおらぬ
わしの倅じゃ、やがて国々を支配するわ」と申せば
オード答えて、「異なお言葉を承りまする
ローランさま亡きあと生きながらえますことは、
神様や、聖者様や、天使様の御心ではございませぬ」。
かくてオードは色を替え、シャルルマーニュの御足元にくずおれて
はかなくなりぬ。願わくは姫の御霊に幸いあれ
フランスの強者達は、姫の死に涙し、悼まぬ者なかりけり(8)

ローランは死に際して、かなりの間、自分の剣や戦友、王のことや財産のこと、自分の死後の霊について、思いを巡らしているのだが、許嫁《いいなずけ》のオードのことは全く思い出していないのである。しかしオードは、ローランが亡くなったと聞くとそのまま息絶えてしまった。

もちろん、これは戦いの詩であり、ヴェヌスではなく、マルスに捧げられたものだから、女性の描き方に問題があるのは当然かも知れない。

古典古代には男と女の愛を唱った詩は数多くある。したがって十二世紀に初めて男女の愛の物語が生まれたわけではない。十二世紀以前の男と女の関係は、およそ以上のような形で文学作品に伝えられており、アンリ・ダヴァンソンは、この他にもいくつかの同様な例を挙げている。基本的には男性優位の男と女の関係が主流を占めていた、といってよいであろう。トゥルバドゥールの歌と同じ頃に書かれた「ニーベルンゲンの歌」においても、ジークフリートは、妻のクリームヒルトを厳しく殴りつけることが妻に対する夫の権利だ、と考えているのである。しかも初期中世を通じて、このような男と女の関係が、愛として捉えられていたわけでもなかったのである。聖俗いずれの分野においても、初期中世においては愛について書かれたものはほとんどなかった。たとえ愛について書かれているとしても、それは形式的な関係、政治的同盟、領主に対する家臣の服従、修道院内部での修道士たちの互いの絆などが描かれていたにすぎなかったのである。

このような状況は、十一世紀の末から十二世紀にかけて、決定的に変わっていったといわれている。ダヴァンソンの言葉を借りれば、「ところが、ある日、すべてが変わってしまう。恋をし、恋にやつれるのは今度は男の方なのだ」、ということになる。宮廷風恋愛においては、愛する者は男で、愛されるのが女なのである。ここで初めて女性が理想化された姿で登場する。女性は愛する男にとって、すべての価値を体現した存在として、現われるのである。アルノー・ド・マルウィユは、「優れた婦人よ、あなたはすべての性質において完全であり、私が知っているどんな婦人より優れている」と歌い、後述するギヨームは「彼女が喜べば病気の者も治り、彼女が怒れば元気な者も病に臥《ふ》せる」と歌っている。ここで初めて男女の愛が、それ自体で目的とされ、いわば理想化されているのである。ヴェンタドゥールのベルナールは、「愛なしにはどんな人も価値はない」といっている。

南フランスのオック語地域に一挙に花開いたトゥルバドゥールの歌の先駆けは、言うまでもなく、ポアティエ伯ギヨームであった。彼を先駆けとして、全体で四四〇人もの男性のトゥルバドゥール、二〇人の女性のトゥルベトリスが生まれたのである。ポアティエ伯にしてアキテーヌ公でもあったギヨーム九世は、ギュイエンヌからオーヴェルニュ地方にまたがる広大な領地を支配していたが、これは長年にわたる婚姻政策の成果であったといわれている。

四　花開くトゥルバドゥール

ギヨームは「世にも雅《みやび》な人、女を騙《だま》す手管《てくだ》に最もたけた男の一人、男女の道には鷹揚《おうよう》であった」といわれ、初期中世の男たちのどちらかといえば武《ぶ》ばった姿とはかなり異なった資質の男性として描かれている。彼の詩は一一編しか残されていないが、自分の性的冒険について全く開《あ》けっぴろげに歌っている。

俺はあの女の上にまたがり、
百と八〇と八回もやりまくった
俺の革袋は危うく破れそうになり
俺の馬具も壊れそうになった(9)

ここでは、アグネスとユルメッセンという二人の婦人を、馬にたとえているのである。この種の諧謔《かいぎゃく》も彼の得意とするところであった。このような詩が一一編の半分位を占めているが、それぞれに異なった趣がある。宮廷風恋愛においては、愛も一色ではないことを示している。そこには、女性を所有しようという願望だけでなく、女性から愛されたい、という願いが歌われている。

もし　あの人が愛の贈りものを下さるのなら、
それを受け　心から感謝して、
口外することなく　あの人に仕え、

お気に召すよう話し　振舞うつもり(10)……

ここでは愛は沈黙によって守られなければならない。それはこのような恋が夫がいる婦人に向けられた姦通《かんつう》であったからでもある。が、それだけでなく、ダヴァンソンが言うように、それ以上のものがあった。つまり幸福とは、人に伝え、わかち与えられないものだ、という認識がある。秘密が、洗練された愛の伝統の、基本的なテーマの一つ、となるのである。

ひとたび人に語ることのできない愛を知ったものは、すべてのものに対して繊細な感情を抱くようになる。

わたしたちの愛も同じこと
あのさんざしの細い枝のように
夜の間　雨と霜とに震《ふる》えおののく、
朝になり　日の光が
緑の葉と　小枝を縫《ぬ》って
ひろがり行くまで。(11)

ここには、冒頭で挙げた開けっぴろげな性の謳歌とは全く異なった、繊細な感覚が歌われている。ダヴァンソンが言うように、「我々は、推移の過程をとらずに、一挙に夜の闇から真昼の光に移ってしまったのだ」。

何故なら、あの人なしには生きられぬ、
それ程までに　わたしは愛に飢え乾く。
この世のあらゆる喜びはわたしたちのもの、
おお、貴女、もしわたしたちが愛し合うならば。[12]

ここでは性的欲望は昇華されており、社会的には低位にあった女性に対して、全く対等な関係の中で、愛が成立するものとされている。ヴェンタドゥールのベルナールは、「二人の真の恋人の愛は、互いの意志と喜びにある。互いの望みが等しくなければ、そこには良きことは何もない」と歌っている。二人が愛し合うところにのみ、愛が成立する、と考えられている点で、ここには近代の愛の原点があるといってよいだろう。

五　宮廷風恋愛とは？——「トリスタンとイズー」の物語など

いわゆる宮廷風恋愛といわれているものには、通常の恋愛とは異なった特徴がある。愛する者は人格的に向上し、政治や経済のしがらみの中で成立する結婚とはちがって、相手は自由に選ばれ、愛は相互のもの、とみなされる。そこからして、他の者に思いを向けることによって、純粋に私というものが意識されるようになる。また肉体の合一は、たいていのばあいは実現せず、宮廷風恋愛は抑制された愛となる。他者をセックスの対象とみなすことは、愛の高貴さを損なうものと見なされたのである。性の満足以上のものを求めているからである。しかしながらそれは、ドニ・ド・ルージュモンがいっているような、反性愛的なものでもなかった。宮廷風恋愛の「宮廷風」という言葉で示される本質からして、そうなのであった。宮廷風 courtois とは、他人のプライヴァシーを侵すことなしに他人と付き合う方法であり、自分の主張を押しつけずに他人と付き合う仕方、であった。この種の男女の愛の理想化は、プラトンの愛や宗教における愛とも似た面を持っている。

宮廷風恋愛の特徴の一つに、女主人と騎士の関係が、当時の封建的騎士社会の用語で語られている点が挙げられている。ヴェンタドゥールのベルナールも、「優れた婦人よ、私はあなたに何も求めない。でも私を僕《しもべ》として使ってください。私はあなたを我が領主としてお仕えし、どんな労働も厭いません」と歌っている。ベルトラン・ド・ボルンのように、「金持ちの野試合参加者」の中で、勇ましい試合や戦いの様子を数多く語っているだけでなく、愛する婦人を領主夫人と呼びかける彼も、その愛の行為を奉仕ととらえ、仕える、と表現する。これはトゥルバドゥールの歌が、まさに騎士社会の中で騎士たちによってつくられたものであることを、物語っている。当時の騎士社会の物惜しみしない風俗なども、恋愛感情の表現の一つとして表わされているのである。トゥルバドゥールたちは、こうした詩の中で当時の階層社会の秩序を批判しているつもりは全くなかったから、彼らの考え方がいずれ教会と対立し、社会と対立することになるとは思ってもいなかったのである。あたかもこのころ、西欧の人々のさまざまな生活分野において、聖俗いずれを問わず、愛について語られ始めていた。十二世紀の後半には、宮廷ロマンという新しいジャンルが成立し、愛と死を歌った「トリスタンとイズー」が生まれている。「トリスタンとイズー」は、宮廷風恋愛と同じく姦通をテーマとしたものであり、西欧の文学の基調音となってゆく恋愛小説の発端に位置している作品である。

ドニ・ド・ルージュモンは、『愛について』の中で、「トリスタンとイズー」についていくつかの疑問を挙げている。まず第一は、トリスタンがマルク王よりもはるかに腕の立つ勇者であるのに、イズーを敢えて奪おうとしなかったのはなぜか。騎馬試合の勝者への褒賞も女性であったから、トリスタンがマルク王と勝負をすればイズーはおそらく彼のものとなったであろうに、なぜそうしなかったのか(13)。

第二点は、森に逃れたトリスタンとイズーが寝ているとき、二人の間に抜き身の剣がおいてあったのはなぜか、という点である。マルク王は、それが二人の純潔の証拠であると理解したのである。二人は罪を犯していたのに、その罪を悔いるどころか、それを拒んでいた。それに王がくることを二人は予想もしていなかったのである。またトリスタンがイズーをマルク王に戻したのはなぜか、という問いもある。また神明裁判を敢えて受けようとしたのはなぜか、という問いもある。どう考えても厚顔無恥《こうがんむち》なペテンにかけて王を騙《だま》したトリスタンを、十三世紀の詩人たちがあたかも騎士道の鑑であるかのように扱い、また奸智《かんち》にたけた冒瀆《ぼうとく》の言葉を吐いてたじろぐこともないこの不義密通の妻を、あたかも貞節《ていせつ》な貴婦人であるかのように描いているのはなぜか、も問題になる。また効果が三年に限られている秘薬《ひやく》は、もともとマルク王夫婦のためのものであったのに、なぜ期限がつけられていたのか、という問いもある。

ルージュモンはこのような問題を、当時の騎士道精神と封建制度との相克《そうこく》から解明しようとしている。たとえばマルク王の騎士たちは、イズーがトリスタンと会っていることを王に告発している。封建制度のもとでは、家臣は主人の権限を侵犯する者がいれば告発する義務を負っていた。したがってあの騎士たちは忠義の士と言わなければならないのだが、「物語」では、逆臣として扱われている。この点についてルージュモンは、作者が他の基準、つ

「トリスタンとイズー」の物語　コーンウォール王マルクは、ある日、鳥がくわえてきた金髪をみて、その持ち主の女性と結婚したいと思い、家臣のトリスタンに捜しに旅立たせた。長い旅のあと、金髪の持ち主イズーをみつけて連れて帰る船中で、トリスタンとイズーは秘薬《ひやく》を飲み、激しい恋におちる。帰国してマルク王と結ばれたイズーは、トリスタンを忘れられず、２人はモロワの森に逃れ、苦しい時を過す。結局、別れることができず、トリスタンは死に、イズーもあとを追うようにして死ぬ。図は「狩をするトリスタン」 15世紀の手書き本の挿絵から

まり南方の騎士道の掟にのっとっているため、としている。ガスコーニュの恋愛法廷で、宮廷風恋愛の秘密を暴《あば》く者は逆臣なり、という判決が出されているからである。

「トリスタンとイズー」においては、社会制度は軽んじられ、王がたわいなく騙されてしまい、王の面目は丸つぶれとなり、結婚の掟に背いて愛しあう二人が讃えられている。純潔の剣とか、森に隠れたあとイズーをマルク王に返すとか、トリスタンが白い手のイズーと結婚しながら肉体関係を持たないといった挿話は、宮廷風恋愛においては、真の愛が結婚とは相容れないどころか、愛の充足とも相容れないという特徴があることから説明できるとしている。「意中の恋人を完全に所有しようと思う男は、実際に愛の関係を理解しないのである」と言われている。「トリスタン夫人、こんなことが考えられようか。これは情熱の否定、少なくとも我々が問題にしている情熱の否定である」とルージュモンは言う。トリスタンは、白い手のイズーという美しい女性との純潔な結婚によって自己を克服しなければ、乗り越えることができない障害を見いだしたのだ、という。意志的な純潔は、自殺の象徴であり、ここに剣の隠れた意義がうかがえる、という。また秘薬については、それが情熱のアリバイである、という。ここには不幸な恋愛に対する西欧人の好みが表わされているという。しかしトリスタンが結婚した相手が、イズーという同じ名前の別な女性であるのは、決して偶然ではない。宮廷風恋愛というものが、結婚を前提にして生まれているからである。現実の中世の結婚を基礎にして、宮廷風恋愛は成り立っているのである。

宮廷ロマンを代表するもう一つの作品に、クレチアン・ド・トロワ（一一三五頃～九〇頃）の「エレクとエニード」（一一六二頃）がある。アーサー王の騎士で皇太子でもあるエレクは、貧しいが世界で最も美しい乙女エニードに恋をし、妻とする。それ以来エレクは、エニードに溺《おぼ》れ、騎士としての奉仕も何もかも放り出してしまう。エレクがエニードの許に入り浸《びた》っているので、家臣たちが非難の声を挙げ、非難はエニードに向けられた。エニードはその非難を認め、エレクは自ら改心せざるを得なくなった。エレクは何回か冒険を重ね、家臣団と宮廷の誤解を解いた。エレクとエニードの愛は対等なものであり、エレクは理想的な騎士となり、エニードも理想的な妻となった。

宮廷風恋愛の起源や由来については、これまで数多くの論稿が出されている。カタリ派起源説やアラブ起源説や愛の宗教説など、さまざまな議論が展開されている。それらのどれにも一応の理由があり、退けがたいものがあるが、どれ一つとして満足のゆくものでもない。そこで私たちは、宮廷風恋愛に視点を限定せずに、十一―十二世紀のヨーロッパにおいて、愛がどのように論ぜられていたのか、という問題に目を向けてみたい。以上では文学作品に注目してきたが、次に聖職者による仕事に目を向けてみよう。

六　聖職者における愛のかたち――その変貌

さきに本章でもふれた「ヨハネの第一の手紙」の、「神は愛なり」という箇所についての初期中世の学者たちのコメントを調べる必要があるのだが、初期中世に関しては、愛を扱った論稿はほとんど見られない。ところが十二世紀になるとクレールボーのベルナルドゥスの「神を愛する必然性について」De diligendo Deiや、サン・チェリーのヴィルヘルムの「愛の本性と品位について」De natura et dignitate amorisや、サン・ヴィクトールのフーゴーの「愛の讃歌」De laude caritatisや、サン・ヴィクトールのリヒャルドゥスの「愛の諸段階について」De gradibus amorisなどの論稿が現われる。

では十二世紀のこれらの著作家たちは、愛をどのようにみていたのだろうか。はじめはアウグスティヌスや偽ディオニシウスなどの教えが一般に広まっていた。愛は本質的に自己中心的であり、誤った対象、つまり現世に向けられると欲望cupiditasとなり、正しい対象、つまり霊的世界に向けられるとcaritas（キリストの愛）となる、そのいずれかである、という。十二世紀に成立した新しい考え方によると愛とは、一方的に求めるものではなく、相互的なもので、自ら与えるものでもある。サン・ヴィクトールのフーゴーは、キケロの「友情論」の影響下で、つぎのように定義している。「愛とは、自分のために他の者に向けられた、良き意志である」と。

クレールボーのベルナルドゥスは、「神はなぜ人となったのか」Cur Deus homo という問いに対して、カンタベリーのアンセルムスとは全く異なった答え方をしている。アンセルムスのばあいは、神の国の秩序が問題になっていたのだが、ベルナルドゥスにとっては、愛が第一の動機なのである。人間は人間としてしか愛せないので、まず人間の愛情のすべてを、人間キリストに集中させる機会を手にしなければならない。キリストはそこから一歩一歩人間を霊的な愛へと向けるのである。神は我々の愛を受けるために、自らを私たちに贈られた。神は自ら私たちへの報いとなられたのである。人間はまず自分自身を愛するが、次には自分のために神を愛し、さらに純粋な神の愛に到達すると、自分自身をも神によって愛することになる。こうして自己中心的な愛の見方から、他の者のために自己を放棄した愛、に変わっていったのである。

ベルナルドゥスは、一一三五年から一一五三年の間に書かれた「雅歌《がか》についての説教」の中で、教会と花嫁のアレゴリーをもちいて、「花嫁は敢えて言えば私たちである」「私は彼(キリスト)がその口で接吻してくれるまで安らぐことがない。彼の足に接吻することが許されるなら感謝するだろう。手に接吻を許されるなら嬉しい。彼が私を好んでその口で接吻してくださるなら、私は感謝でいっぱいになるだろう。だが私も愛しているのだ」と書いている。ベルナルドゥスは同書のなかで、口づけは受肉《じゆにく》の御言葉であり、その神秘のことだといっている。

ディンツェルバッハーは、互いに応答のある相互の愛が魂を支配している、といっている。ここには主人と僕《しもべ》の違いはないという。「人格の違いが意志の調和を破ることを恐れる必要はない。なぜなら愛とは崇拝ではないからである。聖書の中で神は愛であることを読んだ。しかし決して名誉でも尊厳でもないのである」(14)。封建社会の中心にある概念、名誉と尊厳がここでは分解され、愛にとって代わられている。

「おお激しく吹き荒れ、力強く燃え、すべてを燃やし尽くす愛よ。汝は秩序を倒壊させ、しきたりを無視し、節度を知らず、礼儀や理性、恥じらいや配慮、規範などを虜《とりこ》にしてしまう」(15)。ここでも、ベルナルドゥスの時代に大きな価値を持っていたさまざまな概念が、愛によって洗い流されてしまう。秩序 ordo とは世界秩序であり、盛期中世の諸身分が織りなす世界であり、しきたり usus とは伝統的世界、権威であり、既存の思考の枠であり、節度とは同時代の騎士の徳目体系の中心概念である。

愛が相互のものであることが強調された結果、結婚の結びつきについても新しい考え方が生まれていた。結婚については、初期中世を通じて、夫婦の間の肉体を伴う愛を排除しようとした聖ヒエロニムスの考え方が基本線をなしていた。サン・ヴィクトールのフーゴーは、婚姻のサクラメントは強力なものなので、愛によって結ばれた結びつきでも正当化しうるほどだとのべている。ただ婚姻が完成するのは情熱的な欲求がおさまったのちであるが、しかしそのフーゴーも、愛が相互のものであることを認めている。一二〇〇年以後、結婚は多くの学者によって、聖なるものとして認められていった。グラティアヌスは、婦人が夫を自由に選びうる、とまで言っている。

十一世紀以後、それまでは見られなかったような神との接触の体験が増えていることも、ディンツェルバッハーは伝えている[16]。その最初は、歴史神学に関する大著で知られるルペルト・フォン・ドイツである。十字架の祈りの際に、繰り返し十字架上のイエスがルペルトに目を向け、彼の挨拶に答えたのである。「私にはそれだけでは十分でなかった。私は手で触れ、抱き、接吻したかった。彼もそれを欲していることを感じた。私は彼を抱きしめ、互いに接吻した。彼は躊躇《ためら》いがちに私の愛の行為を許したが、やがて口を開き、私はより深く接吻することができた[17]」。これらの体験は、雅歌のアレゴリーによって語られているのだが、神と舌を絡《から》めあって接吻するのである。初期中世においては、イエスはおそるべき権威をもった王として、人間の上に君臨するものとして位置づけられていたのだが、それが今や人間の愛の対象になっているのである。それは後の神秘的合一 unio mystica の先駆的形態であった。

一例を挙げると十一世紀初めに都市貴族の妻であったイヴェッタ・フォン・ヒュイは、世俗を逃れてハンセン病患者の群れに入り、後には隠者のような生活をしていた。彼女は、幻想の中で聖母マリアやイエスと会い、互いに語り合い、ときにはイエスの胸に抱かれて眠り、ある時はマリアの胸に抱かれて眠った、という。このような体験は、しばしば語られているが、今日なら満たされない性的欲望がイエスに向けられたと考えることができる。いずれにしても、人間としてのイエスやマリアに愛が向けられているのである。[18]

この愛は、人間として十字架につけられたイエスへの同情 compassion としても表現されることになる。シェーナウのエリーザベト(?~一一六四)は十字架上のイエスがいかに無惨に鞭打《むちう》たれ、嘲笑《ちょうしょう》され、血を流していたかを目のあたりにみた体験を語っているし、イングランドの修練士エドムンドは、十字架上で鞭打たれ、茨《いばら》の冠をかぶせられたイエスを見て、深い同情の念をもったことを記している。

愛の対象としてであれ、同情の対象としてであれ、キリストに対してこのような愛をもった感情が芽生えるためには、イエスが歴史的な存在として新たに意識されていなければならない。十一世紀に、聖なる土地としてパレスチナが人々の目に映り始め、十字軍への呼びかけが起こっていたことが、歴史的イエスを意識させるきっかけともなっていた。

愛が感覚的に受けとめられてゆくにつれ、子供に対する関係にも新しい形が生まれていた。修道院では修道士たちが両親の役割を務めていた。そこでは聖書にあるように、「子供を愛する者はしつけなければならない」にもとづいて、厳しい懲罰が課されていた。ベネディクトの戒律には、「少年たちがベッドにはいるときには、教師は常にそばにおり、ローソクの灯をともし、鞭《むち》を持っていなければならない。もし誰かがぐずぐずしていれば、ただちに鞭を振るわなければならない。夜にも教師は見回り、きちんと寝ていない者に鞭を振るわなければならない。朝もすぐに起きない者には、鞭を加えなければならない」とある。ザンクト・ガレン修道院では、九三七年にこのような処置に対して少年たちの反乱が起こり、修道院は全焼している。このような事態に対し、カンタベリーのアンセルムスは、「貴方がたが、子供たちを脅迫や脅しあるいは打擲《ちょうちゃく》によって締め付ければ、彼らは悪しき思いを膨《ふく》らませ、頑《かたく》なになってしまう。貴方がたが、子供たちに愛と善意、好意、優しさにもとづいて接していないからである。彼らは誰からも愛をもって教育されていないのだ。誰を見るときも瞼《まぶた》を閉じてしまう。それでも人間といえるでしょうか。貴方がたは、彼らにしていることを、自分にもされたいと思いますか。打ったり、叩いたりすれば、良い作法ができるようになると思いますか(19)」といっている。アンセルムスは、愛と好意と優しさが鞭の代わりになる、といっているのではない。彼は鞭の必要を認めているのである。ただ罰だけでなく、そのほかに子供たちの心をつかむことが必要だ、といっているのである。

子供に対してこのような新しい態度が生まれてきたことに対応して、ロマネスクやゴシックの教会に、聖母と聖子の新しい形の像が生まれている。クレルモンのマイエスタスに見られるように、処女マリアが聖子を膝の上にぎごちなく離して支えている像があるが、十二世紀中葉から聖母と聖子が互いに寄り添い、あるいは互いに接吻しあっている像が現われる。一二〇〇年頃のラインのマドンナは、聖子の小さな手を自分の口に当てている。

聖職者たちが十二世紀頃から愛についてさまざまな形で論じ始めたことを以上見てきたが、ここで再び宮廷風恋愛に戻ろう。

七　宮廷における愛の作法

宮廷風恋愛とは、ガストン・パリスが名づけたものと言われているが、礼拝堂司祭アンドレアス・カペルラヌスの『愛の技法について』は、一一七〇年から一一七四年頃にポワティエにいた、王妃エレアノールの宮廷を舞台にしている、といわれている。執筆は一一七四年から一一八六年の間と見られる[20]。

恋とは何か、という定義から始めて、恋についてありとあらゆる問題が扱われているが、私たちの関心にそって、その中からいくつか読みとってみよう。

アンドレアスは、恋の功績の中で、「恋をすれば猛々しい野卑な男も立派な人物になり、どんなに卑しい身分の男も高貴な人格を身につけるようになる」と述べている。それは本書を貫く基本理念であり、いたるところで人格が問題になっている。第六章では、人間はすべて同じ根源から生まれたもので、人類の祖先は皆同じである、と見れば人間のなかに貴い、卑しいという区別が生まれ、階層が生じるのは肉体の美しさや化粧によるものではなく、また財産の多さでもない。ひたすら人格のすばらしさのみである、といっている。こうして人格だけが恋の成果を左右する鍵だといい、さまざまな例を挙げて、恋の手管《てくだ》を説いている。㈠中流階層の男が同じ階層の女と語る。㈡中流階層の男が貴族の女と語る。㈢中流階層の男が高位貴族の女と語る。㈣貴族の男が中流階層の女と語る。㈤貴族の男が貴族の女と語る。㈥高位貴族の男が中流階層の女と語る。㈦高位貴族の男が下層貴族の女と語る。㈧高位貴族の男が同じ階層の女と語る。

これらの対話の中で、それぞれ古典を引用し、理屈っぽい恋の談義が展開されているが、なかには私たちの興味をひく話題もある。

第五の対話の中で、貴族の男は恋愛などは苦しいばかりで得るところがない、と説く女に対して、自分が体験した話をしている。

主君のお供をして旅をしていた夏のある日、仲間とはぐれた男は、突然、無数の騎馬の群れと出会う。先頭には美しい馬に乗り、黄金の冠をかぶった人が見え、そのあとに美しい魅力的な女性が、それぞれ美しい馬に乗って続いている。女たちは皆高価な衣装を身につけ、金糸の刺繍をしたコートを羽織っている。女性の左右には騎士が一人ずつ侍《はべ》っており、召使いのように徒歩で馬の手綱を持っている騎士もいた。彼女たちのあとには、美しく着飾った多くの騎士の群れが従っていた。そのあとに続くのは大勢の女たちで、そのまわりにもさまざまな姿の騎士がとりまいていた。男たちはわれ先に女に仕えようと争っていた。そのために大変な騒ぎとなっていて、実際に女たちは誰からも奉仕を受けることができずにいた。第三番目の集団は惨めな姿の女たちで、それぞれ美しい女性であったが、不潔な季節外れのものを着て、埃《ほこり》と汗にまみれていた。痩せた馬に乗る彼女たちを、だれも助けようとする者はいなかった。

彼がそれらの群れを見て、いったいどんな人々なのかといぶかしんでいると、第三の群れの中の一人の女が教えてくれた。これらの群れは死者の軍勢であり、先頭に立っているのは恋の神であり、第一の群れは、生前に恋の兵士として賢く振る舞い、恋を求める者にはふさわしいあしらいをした女たちだ、という。そのために今彼女たちは十分な報いを享受しているのだ、という。第二の群れは、生前に男から求められればどんな男の言うことでも聞く、恥知らずな女だった者だという。そのために彼女たちは今その報いを受けているのだ、という。第三の群れは、生前に求められた恋をすべて拒否し、恋の神のなんたるかを全く理解しなかった女たちだ、という。そのために今彼女たちは当然の報いを受けているのだ、という。

第一の群れは、休憩するときにも美しい喜びの園で休み、なに不自由ない休息をとることができたが、第二の群れは湿気の園で休まなければならなかった。第三の群れは、乾きの園でひどい暑さに耐えなければならなかったのである。この描写は、宮廷風恋愛のあり方を巧みに示しているといえよう。(21)

宮廷風恋愛と夫婦の関係についても、第七の対話で扱われている。夫がいる女性に言い寄った男は、夫婦が深い愛情で結ばれているということはありうるだろうか、と問い、それは恋ではない、夫婦の感情は恋の定義には当てはまらない。恋とは人目をしのんで隠れて抱かれたいという願望に他ならないのだから、人目をしのぶ必要がない夫婦の間に恋は成立しないという。それに対して女は、誰でも絶えず繰り返し抱擁されることによって育《はぐく》まれる恋もあり、毎日罪を犯さずにできる抱擁こそ恋である、といっている。二人の議論は決着がつかず、シャンパーニュ伯夫人に裁定をゆだねたのである。

シャンパーニュ伯夫人は、恋は夫婦の間に存在しうるかという問いに対して、恋は結婚した二人の男女の間ではありえない、という裁定を下した。夫が妻を恋人のように抱いたとしても、二人は義務で結ばれており、それによって彼の名誉が増すわけではなく、二人の人格も高められるわけではないから、という理由であった(22)。

ここで注目に値するのは、第八の対話で純粋な恋と不純な恋とが区別されている点である。純粋な恋とは、精神的瞑想《めいそう》と心の愛によるもので、接吻と抱擁、裸身の恋人との控えめな接触に示され、最終的な慰めは排除されているような関係をいう。純粋な恋をした者には最後の一線を突破することは許されない、と男がいうのである。なぜなら、こうすることによって優れた人格が育まれるからだ、という。不純な恋とは、肉の喜びの一切と最後の一線を突破して終わる恋を言う。この種の恋はすぐに衰えてしまう、という。これに対して女は、上半身の喜びは下半身の喜びを目的としているのでなければ、下半身のことを想って息づくのでないなら、全くとるに足らないことになる、と反論している。宮廷風恋愛が現実にどうであったかはともかく、最後の一線を越えないところに恋愛の究極の姿があるという点は、全く新しい考え方で注目に値する。

第七章では、さまざまな恋にまつわる裁定の例が挙げられている。そのいくつかを見ると、一つは第八の裁定で立派な恋人をもっている女が、自分は望んでいないが立派な男と結婚した。その女はかつての恋人を避けようとしている。エルマンガルド・ド・ナルボンヌ夫人が次のような裁定を下した。あとになって結婚の契約を結んだとしても、この女が自分の恋をあきらめたのでなければ、以前の恋人を退けるのは正当ではない、というのである。ここには封建制度のもとでの結婚のあり方に対する批判がある、といってよいだろう。心にそまぬ男と結婚させられたからといって、恋人をあきらめる理由にはならない、というのである。結婚が両性の自由意志による合意に基づいていないばあいには、姦通《かんつう》のみが愛の高貴な形だ、とアンドレアスは考えているのである。

ここで再びプラトンの『饗宴』に戻ってみよう。アーヴィング・シンガーは、宮廷風恋愛の源泉はプラトンにある、と見ているからである。シンガーによると、ソクラテスは「善を永久に所有する」とはどういうことか、を論じ、「美しい者の中に生殖し、生産することである」と答え、それは誰もが望む不死への愛だ、と述べている。そして不死を求める三つの方法を挙げ、「第一は肉体的なもので、子供をつくることであり、第二は霊的なもので、詩作などの知的作業の成果であり、第三はその二つが合一したものである」と、次のように語っている。

「また、もし美しくて気高くてかつ天稟《てんぴん》の優れた魂にめぐり合わすようなことでもあれば、かく両方のよく揃《そろ》っているのを非常に歓迎するでしょう。そうしてこのような人に対しては、徳のことや、有徳者がどういう者であり、また何を業とすべきかなどについて、ただちに滔々《とうとう》たる弁舌を浴びせて、これを教育しようとするでしょう。思うに彼がひとたび美しき者に接触し、これと交わるようになれば、彼はすでに久しく身に宿していたものを生産し創造する、側にいても離れていても、彼はその人のことを思い、また出生したものをその人と共に育て上げる。その結果、こういう人々は、肉身の子供があるばあいよりも、はるかに親密な共同の念とはるかに鞏固《きょうこ》な友情とによって、互いに結びつけられる。その共有するものがいっそう美しくて、いっそう不死な子供なのですから。また誰でも人身の子よりもむしろこのようなのを持ちたいと願うでありましょう」[23]。

シンガーは、ここに宮廷風恋愛の原型がある、と見ている。宮廷風恋愛においても、二人の男女の間の霊的な絆の中から生まれるものを肉体を持つ子供よりも重視している。宮廷風恋愛においては、詩と音楽がそれに当たるのである。

シンガーは、ソクラテス自身がトゥルバドゥールの恋人を暗示しているという。それは『饗宴』のなかで、ソクラテスが哲学的であると同時に少年に対して多情な愛を感じている男として描かれており、しかも哲学者としては絶対的な美を愛している。このような点について彼は、一人の女性ディオティマから学んでいるのである。ソクラテスと他の人間、たとえばアルキビアデスとの関係と比べると、ディオティマとの関係は特異なものである。ディオティマは、絶対的な美しさについてソクラテスが無知なのは、彼が若い少年を愛しているためだ、というのである。

ソクラテスとアルキビアデスが外套《がいとう》をかけただけで一夜を共に過ごすエピソードも、トゥルバドゥールの愛の原型だ、とシンガーはみている。ここではソクラテスは、皆から求められている人物であるが、肉体的な接触はもたず、何事もなく一夜があけるのである。『饗宴』を宮廷風恋愛の原型として想定する上で妨げになるのは十二世紀のトゥルバドゥールたちにプラトンの作品が知られていなかった、という点である。シンガーはこの問題を、三世紀のプロティヌスを媒介としてプラトンが伝えられていた、とみなし、十一世紀のアラブの作品の中にプラトンの作品が大きな影響を残していたことに注目している。たとえばイブン・スィーナー（アヴィセンナ）は、プラトンに倣《なら》って、自然の中にあるすべてのものは愛によって定められ、愛とは善を求める心だ、といっている。(24) 彼によると、人間には動物としての心にもとづく愛と理性にもとづく愛の二種の愛がある、と説き、動物としての心から生ずる愛には何の価値も認めなかったムスリムの考え方を批判しているのである。イブン・スィーナーは、自然の美に対する愛も霊的成長に役立つ、と考えているのである。人間が肉の欲望だけによることなく、理性によって美しいものを愛するとき、つまり動物としての心と理性が合致するとき、高貴なものに近づき、善に向かうという。

人間の美しい身体を愛することによって、動物としての心に、三つの結果が生まれる。第一は対象を抱擁したいという衝動であり、第二は接吻しようとする衝動であり、第三は性交への衝動である。イブン・スィーナーも、結婚によって子供を生むことは認めているが、性交という行為には何の霊的なものもない、といっている。抱擁と接吻によって対象に近づき、一つになろうとする。そのような愛は高貴な者の愛ではなく、肉体の充足をあらわしているにすぎないという。同じ様な考えは、イブン・ハズムにも見られる。彼のばあいも、二人の人間が出会い、まず互いの肉体を賛美することから始まるが、そこにとどまる限りでは肉の愛にすぎない。本当の愛が生ずるためには、何かが起こらなければならないのである。トゥルバドゥールのばあいと同じく、彼は愛するものが自分の良き性質を示し、愛されるものにふさわしいものになるためにいかに努力するか、を描いている。愛されるものが愛する者の苦悩に無関心なとき、彼は自分を責め、彼女の冷たさを正しいものと見なければならないのである。自分が所有する奴隷を愛しているばあいでも、彼は自分の性格を彼女に合わせ、愛が命ずる服従を示さなければならないのである(25)。

ところが、これらのイスラムの哲学者たちにないものがトゥルバドゥールにはある、という。それは人間の愛がそれ自身で充足している、という点である。イブン・スィーナーたちは、男女の愛の目的に純粋な美、あるいは善を見ていたが、トゥルバドゥールたちは、こういったものには全く無関心であった。彼らは絶対的な善のために愛したのではなかった。彼らにとって自分の愛が婦人を越えて広がって行く、ということは考えられなかった。神を目指すものではなかったのである。トゥルバドゥールにとっては、婦人が自身で美を体現し、善を体現しているのである。

シンガーはこの点について、トゥルバドゥールがなぜ女性をとくに優れたものとして位置づけていたのか、という問いにこれまでの歴史家が皆まちがった解釈をしてきた、という。たとえば、当時の社会の支配的イデオロギーのなかで女性が蔑視されていたことに対する反動であるとか、一般に考えられているよりも女性の位置は高かった、というような考え方である。これらに対してシンガーは、トゥルバドゥールたちの特色は、愛する女性が理想化されている点にあるという。男女の愛の話はいつでもどこにでもあるが、トゥルバドゥールのばあいは、女性が理想化されている点に特徴がある。一人の女性が美を体現する存在として理想化されている点については、プラトンの愛とも宗教的な愛とも近いものだ、というのである。

八　愛の理想化──「神への愛」から離れて

愛する女性が理想化されるとともに、愛それ自体も理想化される。このような愛の理想化は、当時の社会にとっては、彼ら自身が考えていたよりもはるかに革命的なことであった。彼らは、自分たちの考え方が当時の社会体制と合致していると考えていた。つまり彼らは、階層秩序の上になりたつ中世社会の誠実さや義務を攻撃したわけではなく、ただそれを想像の上で婦人に捧げたのである。当時、結婚は聖なる秘蹟《ひせき》とされ、政治権力が行使される策略の一つでもあった。したがって、トゥルバドゥールたちは不義密通は退けた。

しかし教会はトゥルバドゥールを危険な敵とみなしていたし、異端の可能性も否定しなかった。教会は、トゥルバドゥールたちが神の愛に従うことをはっきり示さず、人間の間の純粋な愛で充足するものとみたのである。それはあたかもトゥルバドゥールたちが、宗教による愛に絶望して、神のみが与えることができる愛を人間に求めたかのごとくであった、とシンガーはいっている。

ここで注目しておきたいのは、トゥルバドゥールにおける想像力の問題である。恋人の裸身に手で触れ、接吻をしながらも性交にはいたらない彼らの行動は、自己に制約を課すことによって肉欲を霊的な脈絡の中に置き換え、愛を理想化し、エネルギーを詩作に向けたというのである。風景や自然に対する愛が歌われるのも、彼らの想像力の結果なのである。それは自分たちの愛を人間独自の世界の中で完成されるものとし、神の愛に連なるものと見なかった結果なのである。このようにみてくると、トゥルバドゥールの恋愛が、西欧における個人の人格の成立と不可分の関係にあったということがうなずかれるであろう。

ところがアンドレアスは、この書物の最終章で、宮廷風恋愛を否定している。この点については、これまでさまざまな議論があった。アンドレアスの書物には、ほぼ一〇〇年後の一二七七年に、パリ司教による論難が出されている。アレクサンダー・デノミーなどは、「この書物が思考の点では哲学的であるが、信仰の点では誤っているため[26]」と見ている。このような考え方、つまり理性に基づく真理と信仰に基づく真理の二重の真理を認める立場を、すでにアンドレアスが持っていたと仮定すれば、最終章で、彼がすでに述べたことが信仰の掟に反することを認め、前者を否定し、後者を選んだ、とも考えられるかもしれない。

しかしアンドレアスは、他のどこにおいても、理性と信仰を分けておらず、いわゆるアヴェロエス主義が現われるのがほぼ五〇年後であることを考えると、この説も説得的とはいえない。アーヴィング・シンガーは、この書物の全体を、中世人の心の二つの様相、人生への二つの接近方法のドラマとして捉えようとしている。シンガーは、アンドレアスの一種のアンビヴァレントな試みのモデルはベルナルドゥスにある、と見ている。ベルナルドゥスは、「神への愛」と「雅歌をめぐる説教」において、人間の自然な自己から始まって徐々に霊的なものに向かう愛について語っている。ベルナルドゥスに依拠したものと考えると、アンドレアスの書物は、宮廷風恋愛を宗教的な愛と調和させようとした試みとしてみられることになる。[27]

心臓を捧げる　14世紀フランスの象《ぞう》牙《げ》彫《ぼり》細《ざい》工《く》

冒頭でアンドレアスは、「恋は、異性の美しい姿を見て想いを深くするところから生ずる、生得の苦悩である」と述べ、プラトンとオヴィディウスの影響が大きいことを示している。しかし同時にアンドレアスは、自然の要求を認めながらも、それを個人あるいは社会の道徳と合致させようとして、道徳哲学者であることも示している。愛の中で人間は自らの徳を高めてゆく、とされているからである。しかもアンドレアスにとっては、愛の対象は一人のみ、である。この点で、美しいものを次から次へと追い求める、プラトン的哲学者とは異なっている。

アンドレアスは、愛を得るための五つの手段について述べている。美しい容姿、性格のすばらしさ、話の上手なこと、財産があり、人に好意的なことである。このなかでアンドレアスにとって最も大切なのは、性格のすばらしさであり、性格が良ければ容姿は醜くてもよいのである。

中世の宗教的な愛は、欲望 cupiditas と愛 caritas を区別し、前者は肉欲であり、後者は霊的なものとしている。そこでシンガーによると、アンドレアスは第三の形を考えている、というのである。つまり彼の宮廷風恋愛は、一種の地上の楽園であり、霊的でもあり得る肉の合一だ、というのである。

第一の対話はこの点で興味深い。どのような男性を女性は恋人として選ぶべきか、という問題について、真の恋人はすばらしい性格の持ち主でなければならない。しかし問題は、性格のすばらしさは愛に先駆けていなければならないのか、それとも愛の結果であってもよいのか、という点にある。トゥルバドゥールは、一般に、第二の立場をとる。愛の中で性格や人格が磨かれる、というのである。ところが女性は、最も人格の優れた男性にその報酬として愛を与える、ともいわれているのである。男性が、愛の中で人格を向上させてゆけるように、まだ未完成な男性を恋人として選ぶべきだと主張し、女性と対立する。ここですでに述べた愛の四つの段階が関係してくる。いまだ完成していない男性に対して、女性は、第一に希望を与え、第二に接吻を許し、第三に抱擁を認め、第四の性交は完成されたものにのみ許されるべきだ、というのである。愛は、こうして、男性の恋人が善き行為を行うようになるきっかけとなる、と見られているのである。いわば中世神学の救済の諸段階に対応するかのように、アンドレアスの愛の諸段階が想定されている。

ところでアンドレアスの書物では、嫉妬《しっと》についても論じられている。嫉妬は三つの要素から成り立っており、自分の奉仕が相手の女性の愛を保つのに不十分ではないかと恐れ、自分と同じようには相手が自分を愛していないのではないか、と恐れる。また女性に別の恋人がいるのではないか、と恐れるのである。しかしこれらは真の嫉妬であり、それは恥ずべき疑いとはちがう、とアンドレアスはいう。夫は、妻の行動に疑いを抱くことはあっても、嫉妬はしない。この点で夫婦は約束に縛られているが、恋人はちがう。したがって、真の嫉妬は愛を育《はぐく》む、というのである。こうして嫉妬は愛の一部となるのだが、にもかかわらずそれは、恐れであるかぎりで、愛を破壊しかねない危険性をはらんでいる。ベルナルドゥスは、宗教的な愛以外のすべての愛を否定した。それは常に恐れにもとづいているからである。しかるにアンドレアスは愛は苦悩であるといい、苦しみや恐れを愛の出発点においているのである。

さて、アンドレアスは、最後の章で、女性に対等の愛を求めても得られない。善い女性などどこにもいないからだ、と述べ、中世人の心がいかに深く分裂していたか、を示している。ドニ・ド・ルージュモンなどは、この分裂を、宮廷風恋愛が反社会的なものだったため、と述べている。

しかしシンガーは、そうではなく、宮廷風恋愛は、封建社会の秩序と愛の軍隊の両方に足をかけて成り立っていた、と見ている。この二つの世界は相互に依存しあい、多くの点で同じものでもある。愛の軍隊とは、すべての人がキリストにおいて結ばれているように、愛によって結びついている人々のことである。十九・二十世紀のロマンティックな愛においては、恋人は二人だけで社会から隔絶されてしまう。彼らの愛は、社会に対するプロテストでもあるからである。しかし宮廷風恋愛はちがう。

第二の対話のなかで、中流階層の男が貴族の女に愛を語り、愛は社会の隔壁《かくへき》を貫いてゆくといい、性格が優れていることが唯一の規準であり、貴族かどうかは人間のすばらしさによっている、と述べている。そのいいかたは決して反社会的でも反封建的でもない。アンドレアスは、決して、現実の社会的階層に疑問を抱いていたわけではないからである。この男は、人間はすべて平等だという理由でこう主張しているのではなく、自分が多くの者より優れていると信ずるがゆえに、こう主張しているのである。性格が秀《ひい》でているという意味での貴族もありうる、といっているのである。

社会秩序との関係では、すでに述べたシャンパーニュ伯夫人の裁定も取り上げる必要がある。これは決して結婚そのものを否定したものではなく、恋は夫婦の間ではありえない、といっているのである。恋以外の愛情は夫婦の間でもありうることは認められている。アンドレアスの宮廷風恋愛は、そのさまざまな言い方にもかかわらず、結婚を模したものとなっており、男と女が、一定の道徳的な枠のなかで、あたかも夫婦であるかのように行動するのである。しかしながら宮廷風恋愛においては、密通が起こる可能性は否定し得ない。アンドレアスの純粋な恋と不純な恋との区別も、相対的なものでしかないからである。

まさにそれゆえにアンドレアスは自分の宮廷風恋愛の教えを最終章で否定しなければならないのだ、とシンガーはいうのである。結婚は聖なる秘蹟であり、密通は神の掟を破るものであるが、もし宮廷風恋愛が情熱を宗教的な愛に敵対するものとみなさなければ寛容に扱われたであろう、とシンガーはいう。他の人間に情熱を注いだり、求めたりすることは、中世の神の愛とは両立しえないことである。宮廷風恋愛の恋人たちは、愛 caritas の階梯を登るための手段として愛し合っていたのではなく、彼ら自身の愛を越えるものに向かうために愛し合ったのでもなく、宮廷風恋愛は、それ独自の天国を約束したかぎりで異端とならざるをえなかったのである。最終章でアンドレアスは、すべての性的愛を否定し、聖なる絆として夫婦を認めるだけでなく、妻とともに我々の情熱を克服する、と述べるのである。

九　愛と禁欲

宮廷風恋愛については、これまでに多くの議論がある。アラブ起源説やカタリ派説の他にもいくつかの論があるが、それぞれの議論についてはここでは立ち入らない。本稿の問題の出発点は、わが国の明治以降一〇〇年の間の愛の諸相にあったからである。私たちは、日本でこの一〇〇年の間、愛についてさまざまな議論や教育が行われてきたことを念頭におきながら、十二世紀西欧の宮廷風恋愛の問題に入り込んできたのである。わが国では恋愛についてさまざまな議論がある。しかし愛一般については、明治以降に関しても、歴史的な研究はほとんどないのではないだろうか。わが国の歴史学は男女関係の歴史にあまり関心を抱いていないらしいのである。日本の恋愛の歴史さえ、いまだ十分な形で描かれていないのである。試みに日本史家に日本では恋愛はいつ頃から始まったのでしょうか、と尋ねてみるとよいだろう。ほとんどの歴史家は当惑気味な笑いを浮かべながら、それは男と女がいるかぎり古い時代からあったのではないでしょうか、と答えるであろう。問題はそこから始まるのである。たしかに恋しあう男と女はいつの時代にもいたであろう。

しかし基本的には姦通《かんつう》を主たる形態とし、肉欲の充足を最終目標にしない宮廷風恋愛のような形は日本にはもちろん、その他の国においても、恋愛の主要な形になったことはないだろう。宮廷風恋愛の形は、女主人である夫のいる貴婦人に恋する騎士が、全身全霊をもってその女性に奉仕することにあり、接吻と裸身の抱擁は許されるが、最後の結合は許されない、という点にある。宮廷風恋愛の原則ともいうべきこの禁欲が、どの程度実際に守られていたのかという点については疑問があるが、しかしカペルラヌスの書物にもあるように、それが理想とされていたことは確かである。ヨアン・P・クリアーノがいっているように、「宮廷風恋愛の最も衝撃的な面は、愛する側の苦悩への誘いである。愛の秘匿《ひとく》はエロティシズムの儀式の本質的な要素の一つである。このような、愛の対象からの自発的な撤退の過程、欲望の達成の無限の延期を生ずるこの撤退において、西欧の伝統の秘密の一つが見て取れるのである」(28)。

ここには、人格の形成にいたる古代的な道の一つとのつながりが感じられよう。この愛の秘匿が宮廷風恋愛における西欧的な性格といえるだろう。しかし古代的な禁欲とはちがっている面もある。それは欲望が理想化されている点である。自分の欲望を抑え、肉における合一を排除することによって、そのエネルギーが思索などに向けられた、と見られるからである。ここには想像力の大きな躍進があったというべきであろう。なぜなら、禁欲は確かに不自然ではある。裸でベッドをともにしながら性交にはいたらないのだから。しかしそれによって、想像力はとどまるところを知らず、愛も終わりがないのである。またトゥルバドゥールの歌において、自然と人間の心に対する感受性が初めてヨーロッパに生まれたのである。トゥルバドゥールたちは中世において初めて、世界の出来事を、神の栄光のためでなく、一つの対象として想像力のなかで見ることができたのである。

ヨーロッパにおいては、十二世紀の宮廷風恋愛は、プロヴァンスのオック語地域に発生し、アリエノール・ダキテーヌなどによって北フランスに広がり、トゥルヴェールを生み、イギリスにも広がり、そこでは男女の関係は南フランスと異なり、女性は遠くから崇拝される対象ではなく、性的関係を持つことは当然のこととされている。後にはドイツにおいてもミンネザンクが生まれている。そこでは女主人（フロウヴェ）は騎士の手の届かない理想の女性、とされているのである。ヴァルター・フォン・デア・フォーゲルヴァイデは、ミンネ（愛）に育まれて騎士は社会の高貴な一員となる、と言っている。ハインリヒ・フェルデケやハルトマン・フォン・アウエ、ハインリヒ・フォン・モールンゲン、ナイトハルト・フォン・ロイエンタール、ウルリヒ・フォン・リヒテンシュタインなどの名が続くのである。このように、宮廷風恋愛といっても地域によってかなり異なった形をとっていた。そのほか、シシリーやイタリアにも広がり、そこでは逆に霊的要素が強まり、それぞれ独自な愛の形がつくられている。

いうまでもないが日本の武士道においては、婦人に対する奉仕の理念は全く存在する余地をもっていなかった。騎士道と武士道の違いの中で、それは最も大きな違いであるが、宮廷風恋愛は、その後ヨーロッパ文学に計り知れない大きな影響を残している。ダンテの諸作品はまさに恋愛の純粋な形を唱ったものとして知られているが、ゲーテの『若きヴェルテルの悩み』も同じく宮廷風恋愛の系譜に連なるものといえるだろう。ヨーロッパ文学の中で姦通文学が大きな流れを占めているのも、宮廷風恋愛に源泉をもっている、といってよいであろう。

宮廷風恋愛とキリスト教との関係についても、これまでさまざまな議論があった。ここで第二章を想い出していただきたい。十一・十二世紀にキリスト教は大きな矛盾を抱えていた。結婚がそれ自体悪であるどころか、秘蹟とされ、聖なる結びつきとなったのが、この時代である。しかしカトリック教会は、相変わらず、夫婦の間でも性的関係は子供を生むためにのみ営まれるべきだ、という公式見解を守り続けていた。性欲は罪とされていたのである。しかし他方で教会は、結婚は本来両性の合意によって結ばれるべきだ、と主張していた。ところが現実には、とくに貴族階層において両性の合意によって結ばれる結婚などはほとんど存在していなかった。たいていのばあい、家の存続のための政略結婚だったのである。

他方で夫婦の間でも情欲に流されて性的関係を結ぶことは罪とされていた。第二章でみたように、このころに西欧においては、個々の人間が一つの人格を持つ存在であることが明らかになりつつあったのである。呪術的慣習や伝統、身分の枠から独立した個人が生まれつつあったのである。ヨーロッパ中世においては、高位貴族の女性は、男性よりもはるかに教養があった。彼女たちの中には古典に造詣《ぞうけい》の深い者も少なくなかった。こうした一連の事態をあわせてみると、一筋の光がさしてくるのが解るだろう。

たがいに求めあってはいない男女の結びつきである結婚を無視し、個人の個性の素直な表現である愛をまず優先させるべきである、という考え方が生まれるのは自然であろう。また、婦人が、女主人として突然ここで男性よりも優位に立ち、騎士たちが彼女の愛を求めて悩むという事態がなぜ生まれたのか、という点については、すでに述べたように、この頃の人々の性的抑圧とトゥルバドゥールの歌の担い手に目を向ける必要があるだろう。男女を問わず、中世社会の中での性的抑圧は、かなり大きな問題になっていた。近代にいたるまでたいていの家には個室はなく、一つのベッドで大勢の人が寝ることすらあったのである。夫婦の間でも性的関係を結ぶうえでの障害が多かったし、そのうえ教会の掟が厳しく、夫婦が罪の意識無しに性交を営むための条件はたいへん厳しかった（詳しい事情は拙著『西洋中世の男と女』を参照されたい）。

トゥルバドゥールの歌の主人公であり、宮廷風恋愛の当事者である騎士たちを見ると、彼らの多くは遍歴する若い騎士であった。中世の騎士は、若くして、早ければ十四、五歳で故郷の城を離れ、修業の旅に出た。刀礼を受け、騎士の卵として認められると、数名の仲間と共に旅に出て、騎馬試合に出場して賞金を稼いだり、戦争に参加して褒賞を得ては、旅を続けてゆくのである。彼らの旅の目的は自分の財産（城）を手にいれ、妻《めと》を娶ることであったが、その途中で死んでしまうばあいもしばしばであった。若い騎士の卵は、彼らを迎える領主にとっては重要な戦力であり、多くの騎士が集まる城は名声という点でも、その地域の重要な拠点と見られた。したがって領主たちは、競って、若い騎士たちを引きつけようとしていたのである。そのために騎馬試合を挙行し、自分の妻を着飾らせてそこに出席させた。妻に憧れ、言い寄る騎士が出ても、それは計算のうちであった。

若い騎士の卵にしてみれば、長く苦しい旅の途中で城につき、そこで歓迎され、一時の宿と食事が得られれば、次なる望みは性欲の充足である。若い娘がいなければ、当然、領主夫人に目が向けられたであろう。長旅で故郷が恋しくなっている若い騎士なのである。人煙希《じんえんまれ》な森を抜けて、久しぶりに雅《みやび》な宮廷で美しい女性に出会ったのであるから、彼らの目には出会う女性が皆、女神のように見えたであろう。美しく着飾った女性に優しい言葉の一つもかけられたら、陶然《とうぜん》となってしまっただろう。おそらくこのような事情のもとで、若い騎士たちによる愛の奉仕が始まったと考えられるのである。婦人が恋愛の主人公になったことにも格別不思議な事情はないのである。

ただ宮廷風恋愛においては、性的充足が目的とはされていなかった。この点については、現実問題として領主夫人と騎士との関係を考えてみれば、それも当然のことなのであった。特別キリスト教会の教義や人格の陶冶《とうや》などの理想をそこに読みとる必要もないかに見える。ただ、両性の合意があるとはいえないにしても、聖なるサクラメントによって結ばれた結婚であり、社会的にも合意を得たものであるから、それに逆らう形である宮廷風恋愛のばあいでも、カペルラヌスのように論ずることになれば、性的関係の最終段階には至らないということを少なくともうたう必要があったのである。

私は以上のように宮廷風恋愛を捉えているのだが、その実態とは別に、宮廷風恋愛が投げかけた影響とその余波は実に大きなものであった。それは理想主義の高貴な願望が性の喜びと両立するものである、ということを、西欧の歴史のなかで初めて歌いあげた一つの運動であった。その意味で、宮廷風恋愛はプラトニズムとキリスト教を人間化したものともいえよう。いいかえれば十二世紀以降、性的衝動と理想主義的動機を調和させ、性的関係を単に種族の保存のためのみでなく、また神の栄光を讃えるためでもなく、いずれにせよ形而上的な目的のためでなく、それ自体で人生が生きるに値する目的とされたのである。さきにみたように、ヨーロッパ文学の一つの大きな流れをつくっただけでなく、夫婦のあり方について、男女両性の関係について、宮廷風恋愛は現在でも私たちに避けて通ることのできない問題を投げかけているのである。

それはまず愛とは何か、という問題であって、とくにわが国においては愛という言葉が容易に使われていることを考えて、ここできちんと整理する必要があると思われるのである。なぜなら十一・十二世紀に宮廷風恋愛が成立する背景には、すでに述べたように、聖・俗両界において愛に関するさまざまな議論が生まれていたからである。クレールボーのベルナルドゥスをはじめとして、多くの人々が愛について語るようになったのである。その中にはいうまでもなく、信憑性《しんぴょうせい》に多少の問題があるが、アベラールとエロイーズの往復書簡も含まれている。

この頃にヨーロッパの多くの人が愛について語り始めた背景には、第二章で述べたように個人・人格が成立しつつあったことがあるであろう。真の意味での恋愛が成立するためには、男女両性が独立した人格をもっていなければならない。男女間の関係だけではなく、この頃に広い意味での愛 caritas が問題になっていたことも忘れてはならない。社会的な愛のあり方が問われていたのである。この頃に、十字軍兵士のための宿や、巡礼のための宿や、病院が、各地に生まれ、愛の施設として知られていった。宮廷風恋愛は、このような西欧における愛の発見の一環として生まれたものであった。そしてその大前提として、個人の成立・人格の成立があったのである。

わが国においても、この百年の間、愛についてしばしば語られてきた。しかしそこでは、西欧風の個人、人格が十分には成立していない状況のもとで、愛について語られてきたのである。そのような状況の中で西欧の意味における愛が語られたとしても、それは現実の人間関係を反映するものではありえない。二人の人間の間の依存関係を示すに過ぎないことになるからである。親子の情愛にもその危険がおおいにある。愛社精神とか祖国愛、母校愛などのすべてに、このような問題がついてまわるのである。

もとより私は、西欧風の人格や個人がわが国にも生まれなければならない、とは考えていない。日本には日本の個のあり方があり、愛の形がありうる、と考えているのであるが、それを十分に示すためには、これまでの日本史における愛の研究があまりに乏しく、日本的な愛の原型を今のところ示すには至っていない。問題はここでも人格の問題と同じである。私たちは日本の男女のこれまでの関係の中で、個人や人格がどのように位置づけられてきたのかを探り、それと同時に、落ちこぼれてゆく者や排除されてゆく者に対してどのような議論がなされてきたのかを調べ、その中から今後の私たちの視点につながるものを探してゆかなければならないのである。さしあたり私たちの周囲には多くの外国人が集まりつつある。私たちはこれから彼らとどのような関係を結んでゆくのか。この問題の中から大きな視点が生まれてくるのではないか、と考えている。

注

（1）伊藤整「近代日本における『愛』の虚偽」中村真一郎編『恋愛について』岩波書店　二一七頁

(2) 同書　二一八頁
(3) 同書　二三一頁
(4) 同書　二二六頁
(5) プラトン『饗宴』久保勉訳　岩波書店　五七頁
(6) トゥールのグレゴリウス『歴史十巻』（フランク史Ⅱ）兼岩正夫・臺幸夫訳注　東海大学出版会　三四九頁
(7) アンリ・ダヴァンソン『トゥルバドゥール　幻想の愛』新倉俊一訳　筑摩書房　一九七二年　一四三頁
(8) 「ローランの歌」佐藤輝夫訳『中世文学集』（筑摩世界文学大系一〇）筑摩書房　三六〇頁
(9) Irving Singer, *The Nature of Love. vol. 2. Courtly and Romantic.* University of Chicago Press, 1984, p.56.
(10) ダヴァンソン前掲書　一六一頁
(11) ダヴァンソン前掲書　一六五頁
(12) ダヴァンソン前掲書　一六三頁
(13) ドニ・ド・ルージュモン『愛について――エロスとアガペ』鈴木健郎・川村克己訳　岩波書店　三四頁
(14) Peter Dinzelbacher, Über die Entdeckung der Liebe im Hochmittelalter. *Saeculum.* Bd. 32. 1981, S. 193 f. 聖ベルナルド『雅歌について』山下房三郎訳　あかし書房　一九七七年
(15) Dinzelbacher, *a. a. O.*, S. 194.
(16) Dinzelbacher, *a. a. O.*, S. 197.
(17) ベルナルド『雅歌について』二七頁以下、口づけのさまざまな意味

(18) Dinzelbacher, *a. a. O.*, S. 198.
(19) Dinzelbacher, *a. a. O.*, S. 200.
(20) アンドレアス・カペルラヌス『宮廷風恋愛の技術』野島秀勝訳　法政大学出版局　一九九〇年
(21) 同書　九二頁以下
(22) 同書　一三五頁以下
(23) プラトン前掲書　一二二頁
(24) Singer, *ibid.*, p.43.
(25) Singer, *ibid.*, p.45.
(26) Singer, *ibid.*, p.65.
(27) Singer, *ibid.*, p.62.
(28) ヨアン・P・クリアーノ『ルネサンスのエロスと魔術』桂芳樹訳　工作舎　一九九一年　四六頁

あとがき

ほぼ三〇年間、西欧社会の研究をしてきたあとで、ようやく最近になって、日本を見る視角が定まってきたような気がする。

今から二〇年ほど前に初めてヨーロッパに出かけ、二年間研究をする機会があった。そのときにヨーロッパにおける人と人の関係に触れ、日本の人と人の関係との違いに目を開かされた。それ以来、ヨーロッパと日本の、人と人の関係の違いがどうして生まれたのかを問う試みをして、いくつかの論稿を得た。本書もその延長線上に連なるものである。

本書がこれまでの仕事と異なっている点があるとすれば、日本における人と人の関係を、私としては初めて正面から取り上げたことであろう。第三論文は一九九一年九月にドイツで行った講演をもとにしている。そのときいくつもの質問をうけ、その中でもマレーシア出身の研究者から、マレーシアにも「世間」に当たるものがある、と聞いたことはたいへん興味深いことであった。

本書においては、わが国の「世間」の歴史的成立過程には立ち入っていない。が、いつか機会があればさらに取り組んでみたいと思っている。またケガレについても新しい視点を出しているが、その点もわが国におけるケガレの研究史の中で改めて論じてみたいと考えている。

本書によってこの三年間に行ってきた仕事に一応の形をつけることができた。今後は西欧における個人・人格のその後の展開をも追ってみたいと考えている。先日「つくば美術館」で行った講演「アルブレヒト・デューラーにおける自画像の問題」は、そのひとつの試みである。西欧絵画史の中で自画像の歴史を捉えなおしてみたいと考えている。

本書の刊行に当たっては朝日新聞社の廣田一氏にすべてお世話になった。いつもながら廣田氏の行き届いた配慮に感謝している。

阿部謹也

一九九二年九月十三日

初出一覧

世間と社会　新稿

個人と人格の成立について　一橋大学社会科学古典資料センター『Study Series』No.20（一九九〇年三月。原題「西洋中世における個人——人格の成立に関する予備的考察」）

神判の世界とケガレ　「国立歴史民俗博物館研究報告」第35集（一九九一年十一月。原題「日本と西欧における個人と社会——神判の問題を中心にして」）

西欧における愛のかたち　新稿

＊この本は一九九二年、朝日新聞社から『西洋中世の愛と人格——「世間」論序説』として単行本で刊行された。

本書の原本は一九九二年に『西洋中世の愛と人格——「世間」論序説』として、一九九九年に『「世間」論序説——西洋中世の愛と人格』（朝日選書）として朝日新聞社から刊行されました。

阿部謹也（あべ　きんや）

1935-2006年。一橋大学大学院社会学研究科博士課程修了。一橋大学名誉教授。専門は西洋中世史。主な著書に『ハーメルンの笛吹き男』，『中世を旅する人びと』（サントリー学芸賞），『中世の窓から』（大佛次郎賞），『西洋中世の罪と罰』，『「世間」とは何か』，訳書に『ティル・オイレンシュピーゲルの愉快ないたずら』（日本翻訳文化賞）などがある。

講談社学術文庫

定価はカバーに表示してあります。

西洋中世《せいようちゅうせい》の愛《あい》と人格《じんかく》
「世間《せけん》」論序説《ろんじょせつ》
阿部謹也《あべきんや》

2019年12月10日　第1刷発行

発行者　渡瀬昌彦
発行所　株式会社講談社
東京都文京区音羽 2-12-21 〒112-8001
電話　編集（03）5395-3512
販売（03）5395-4415
業務（03）5395-3615

装　幀　蟹江征治
印　刷　豊国印刷株式会社
製　本　株式会社国宝社
本文データ制作　講談社デジタル製作

ISBN978-4-06-518206-2

「講談社学術文庫」の刊行に当たって

これは、学術をポケットに入れることをモットーとして生まれた文庫である。学術は少年の心を養い、成年の心を満たす。その学術がポケットにはいる形で、万人のものになることは、生涯教育をうたう現代の理想である。

こうした考え方は、学術を巨大な城のように見る世間の常識に反するかもしれない。また、一部の人たちからは、学術の権威をおとすものと非難されるかもしれない。しかし、それはいずれも学術の新しい在り方を解しないものといわざるをえない。

学術は、まず魔術への挑戦から始まった。やがて、いわゆる常識をつぎつぎに改めていった。学術の権威は、幾百年、幾千年にわたる、苦しい戦いの成果である。こうしてきずきあげられた城が、一見して近づきがたいものにうつるのは、そのためである。しかし、学術の権威を、その形の上だけで判断してはならない。その生成のあとをかえりみれば、その根は常に人々の生活の中にあった。学術が大きな力たりうるのはそのためであって、生活をはなれた学術は、どこにもない。

開かれた社会といわれる現代にとって、これはまったく自明である。生活と学術との間に、もし距離があるとすれば、何をおいてもこれを埋めねばならない。もしこの距離が形の上の迷信からきているとすれば、その迷信をうち破らねばならぬ。

学術文庫は、内外の迷信を打破し、学術のために新しい天地をひらく意図をもって生まれた。文庫という小さい形と、学術という壮大な城とが、完全に両立するためには、なおいくらかの時を必要とするであろう。しかし、学術をポケットにした社会が、人間の生活にとってより豊かな社会であることは、たしかである。そうした社会の実現のために、文庫の世界に新しいジャンルを加えることができれば幸いである。

一九七六年六月　　　　野間省一

外国の歴史・地理

A・J・P・テイラー著／吉田輝夫訳
第二次世界大戦の起源
「ヒトラーが起こした戦争」という「定説」に真っ向から挑戦して激しい論争を呼び、研究の流れを変えた名著。「ドイツ問題」をめぐる国際政治交渉の「過ち」とは。大戦勃発に至るまでの緊迫のプロセスを解明する。

2032

山内　進著（解説・松森奈津子）
北の十字軍　「ヨーロッパ」の北方拡大
「ヨーロッパ」の形成と拡大、その理念と矛盾とは何か？　中世、ヨーロッパ北方をめざしたもう一つの十字軍が聖戦の名の下、異教徒根絶を図る残虐行為に現代世界の歴史的理解を探る。サントリー学芸賞受賞作。

2033

エウジェニア・サルツァ＝プリーナ・リコッティ著／武谷なおみ訳
古代ローマの饗宴
カトー、アントニウス……美食の大帝国で人々は何を食べ、飲んでいたのか？　贅を尽くした晩餐から、農夫の質実剛健な食生活まで、二千年前に未曾有の繁栄を謳歌した帝国の食を探る。当時のレシピも併録。

2051

佐藤次高著
イスラームの「英雄」サラディン　十字軍と戦った男
十字軍との覇権争いに終止符を打ち、聖地エルサレムを奪還した「アラブ騎士道の体現者」の実像とは？　ヨーロッパにおいても畏敬の念をもって描かれた英雄の、人間としての姿に迫った日本初の本格的伝記。

2083

阿部謹也著
西洋中世の罪と罰　亡霊の社会史
個人とは？　国家とは？　罪とは？　罰とは？　キリスト教と「贖罪規定書」と告解の浸透……。「真実の告白が、権力による個人形成の核心となる」（M・フーコー）過程を探り、西欧的精神構造の根源を解明する。

2103

若桑みどり著
フィレンツェ
ダ・ヴィンチやミケランジェロ、ボッティチェッリら、天才たちの名と共にルネサンスの栄光に輝く都市。その起源からメディチ家の盛衰、現代まで、市民の手で守り抜かれた「花の都」の歴史と芸術。写真約二七〇点。

2117

外国の歴史・地理

松本宣郎著
ガリラヤからローマへ　地中海世界をかえたキリスト教徒

帝国の辺境からあらわれた奇妙な集団。それがキリスト教徒だった。いかがわしく忌まわしい存在とされた彼らは迫害を乗り越え、どのようにして社会をかえていったのか。世界宗教へと飛躍する、一歩手前の物語。

2426

フランシス・ギース著／椎野　淳訳
中世ヨーロッパの騎士

十字軍、吟遊詩人、アーサー王物語、そしてドン・キホーテ……。豪壮な城での華麗な騎馬試合、孤独な諸国遍歴。王の信頼を争いつつも強い連帯意識で結ばれていた馬上の戦士たち。その栄光の時代と黄昏を描く。

2428

澁谷《しぶたに》由里著
馬賊の「満洲」　張作霖《ちょうさくりん》と近代中国

馬賊から軍閥、そして元帥へ――。虚飾にとらわれた張作霖像を解体し、中国社会が包含する多様性にねざす地域政権と自治組織の真実を描く。近代へと歩を進める中国と日中関係史を鮮やかに描き出した意欲的作。

2434

マルク・ブロック著／高橋清徳訳
比較史の方法

歴史学に革命を起こした「アナール派」の創始者による記念碑的講演。人はなぜ歴史を学ぶのか？　そして、歴史から何を知ることができるのか？　根本的な問いを平易に説いた名著を全面改訂を経た決定版で読む。

2437

長澤和俊著
世界探検史

太古の人々の移動から、アレクサンドロスの東征、ヨーロッパによる「地理上の発見」、二十世紀の極地探検まで、古今東西の探検家を網羅し、人類の歩みを通観するユニークな世界史。壮大なロマンと情熱のドラマ。

2438

チャールズ・H・ハスキンズ著／別宮貞徳・朝倉文市訳
十二世紀のルネサンス　ヨーロッパの目覚め

ローマ古典の再発見、新しい法学、アラビアの先進知識との遭遇、大学の誕生――イタリア・ルネサンス以前、中世の西欧ではすでに知的復興が行われていた！　世界史の常識を覆し、今も指標とされる不朽の名著。

2444

《講談社学術文庫　既刊より》